O PODER DO CORTISOL

Título original: *Cortisol Control and the Beauty Connection*

O poder do cortisol
1ª edição: Julho 2025

Autor:
Shawn Talbott

Tradução:
Manuel Antunes

Preparação de texto:
Iracy Borges

Revisão:
3GB Comunicação
Flavia Araujo

Projeto gráfico:
Luisa Tavares

Capa:
Bruno Ortega

DADOS INTERNACIONAIS DE CATALOGAÇÃO NA PUBLICAÇÃO (CIP)

Talbott, Shawn.
O poder do cortisol : guia prático para revitalizar a pele, o colágeno, retardar o envelhecimento e reprogramar o seu metabolismo e a sua saúde a partir de um método 100% natural / Shawn Talbott ; tradução de Manuel Antunes. — Porto Alegre : Citadel, 2025.
256 p. : il.

Título original: Cortisol Control and the Beauty Connection
Bibliografia
ISBN 978-65-5047-664-9

1. Saúde 2. Pele 3. Cortisol I. Título II. Antunes, Manuel

25-2957 CDD 614

Angélica Ilacqua – Bibliotecária – CRB-8/7057

Produção editorial e distribuição:

CITADEL Grupo Editorial

contato@citadel.com.br
www.citadel.com.br

Dr. Shawn Talbott

O PODER DO CORTISOL

Guia prático para **revitalizar** a pele, o colágeno, **retardar** o envelhecimento e **reprogramar** o seu metabolismo e a sua saúde a partir de um método **100% natural**

CITADEL
Grupo Editorial
2025

SUMÁRIO

OBSERVAÇÃO IMPORTANTE

O material deste livro tem como objetivo fornecer uma revisão das informações a fim de mostrar como cuidar da sua pele de dentro para fora – especialmente aprender a reduzir o estresse por meio de mudanças no estilo de vida, nutrição, suplementos e exercícios – terá um efeito benéfico na saúde e nos cuidados com a pele. Todo o esforço foi feito para fornecer informações precisas e confiáveis. O conteúdo deste livro foi compilado por meio de pesquisa profissional e em consulta com profissionais da área médica. No entanto, os profissionais de saúde têm opiniões diferentes, e os avanços nas pesquisas médicas e científicas ocorrem muito rapidamente, portanto algumas das informações podem ficar desatualizadas.

Dessa forma, a editora, o autor e os editores, bem como os profissionais citados no livro, não podem ser responsabilizados por qualquer erro, omissão ou material desatualizado. O autor e a editora não assumem nenhuma responsabilidade por qualquer resultado da aplicação das informações contidas neste livro em um programa de autocuidado ou sob os cuidados de um profissional certificado. Se tiver dúvidas sobre sua dieta ou saúde, ou sobre a aplicação das informações descritas neste livro, consulte um profissional de saúde qualificado.

INTRODUÇÃO

A beleza é mais do que superficial.

— Ditado antigo

Qual mulher, seja ela jovem, seja madura, goste de maquiagem ou prefira uma aparência verdadeiramente natural, não quer ter uma pele bonita, radiante, jovem e de aparência saudável? Independentemente de você seguir um regime de beleza complexo, que inclua limpeza, hidratação, máscaras de argila, esfoliação e maquiagem cuidadosamente aplicada, ou apenas realizar os cuidados mais simples com a pele – limpeza, um pouco de hidratante e protetor solar, e pronto –, você quer que sua pele reflita sua verdadeira beleza e acredita que vale a pena dedicar tempo, atenção, esperanças e dinheiro para conseguir isso.

Este livro oferece uma nova abordagem para cuidar de sua pele, que trata do que acontece *dentro* de você para produzir a pele mais brilhante, clara e saudável em seu *exterior*. Como você descobrirá, para seu grande benefício e prazer, um rosto bonito significa uma pele bonita. E *obter* uma pele bonita é realmente um processo de dentro para fora. Ter uma aparência melhor, sentir-se melhor, ter mais confiança e fazer com que seu exterior reflita seu belo interior (e vice-versa) é o objetivo deste livro.

Essa é uma boa notícia, considerando a enorme quantidade de dinheiro, tempo, atenção e, sim, preocupação que as mulheres tendem a gastar para ter uma pele bonita, sem acne e sem rugas. Ninguém quer parecer que está envelhecendo. Pegue praticamente qualquer revista sofisticada (especialmente uma revista de moda) e você verá que cerca de 10% das páginas são ocupadas por anúncios de produtos de cuidados com a pele que prometem milagres antienvelhecimento e antiacne. Ligue a TV e, enquanto assiste a seus programas favoritos, conte o número de comerciais de produtos para cuidados com a pele que afirmam ser capazes de deixá-la parecida com as modelos que os usam. Vá a qualquer loja de departamentos ou loja de cosméticos e observe a enorme quantidade e variedade de produtos para a pele, cada um alegando um resultado diferente, muito necessário e atraente, bem como oferecendo uma escolha desconcertante do que comprar, para qual finalidade, com quais ingredientes e a que preço (às vezes, quanto mais alto o preço, maior o fascínio). Os americanos gastam centenas de milhões de dólares todos os anos em loções, cremes e coberturas para serem aplicados na superfície (a parte morta) da pele. Muitas dessas misturas fazem um excelente trabalho para suavizar as rugas e dar a *aparência* de uma pele mais jovem e saudável. A ilusão de uma pele mais saudável, entretanto, desaparece rapidamente quando o efeito do creme de beleza passa – sem mencionar que nenhum desses produtos pode ajudá-la a *se sentir* melhor em relação aos níveis de energia ou perspectiva emocional. Depois, há as soluções não tópicas: injeções como o Botox, que oferecem um rosto inexpressivo para mulheres que podem se sentir pressionadas pela mídia, por suas colegas e pelo medo de não corresponder aos padrões sociais se uma linha de expressão aparecer em seu rosto. A solução mais invasiva é a cirurgia plástica. Ela pode produzir uma aparência radicalmente nova por fora, mas tem um custo – em dinheiro, no tempo necessário para a cicatrização, na possível necessidade de repetir tratamentos ao longo dos anos e na inesperada lacuna entre "Estou tão bem por fora, como não me sinto diferente por dentro?".

O caminho para uma pele bonita, saudável, brilhante e jovem é muito mais fácil e eficaz do que tudo isso. Por que não embelezar sua pele por dentro? Para resolver problemas de pele e reverter o processo de envelhecimento, não é necessário gastar uma pequena (ou grande) fortuna. Você pode depender de si mesma e trabalhar com o que está dentro de você em vez de ficar à mercê de produtos e processos externos. O simples fato de conhecer quatro aspectos básicos do funcionamento do seu corpo e dar a eles o que precisam para funcionar de forma ideal – um programa que chamo de FACE – a livrará de influências externas indesejadas, colocará boa parte do seu dinheiro de volta no bolso e lhe dará a pele mais bonita que você já teve. E como se isso não bastasse, seguir meu programa FACE também a ajudará a perder peso, ganhar energia, viver mais relaxada e feliz, além de desenvolver uma maneira de comer que seja tão próxima de você e tão natural quanto a palma da sua mão.

Qual é o segredo dessa "mágica"? É entender o controle do cortisol e sua conexão com a beleza e, em seguida, tomar as medidas adequadas.

O EFEITO DO CONTROLE DO CORTISOL E DO COLÁGENO EM UM ROSTO BONITO

Por que é importante controlar o cortisol? Bem, o cortisol é o principal hormônio que nosso corpo secreta quando estamos sob estresse. Isso significa que, sempre que estamos sob estresse, estamos expostos ao cortisol. O cortisol, em si, não é ruim. É uma parte normal de nossa composição fisiológica. O problema ocorre quando somos expostos a uma *quantidade excessiva* de cortisol de forma *crônica* – um cenário que é muito comum no modo de vida acelerado e sobrecarregado de hoje em dia.

Em razão da ampla influência do cortisol em outros aspectos importantes do metabolismo (especialmente nas vias metabólicas mais associadas ao "envelhecimento"), ele é chamado com frequência de "hormônio da morte". Esse é um apelido bastante preciso: o cortisol é um hormônio cuja quantidade em nosso corpo tende a aumentar com a idade, e nossa maior exposição ao cortisol à medida que envelhecemos tem sido associada ao colapso e à disfunção em todos os tecidos do corpo. Esse colapso de nossos tecidos, em um sentido real, nos aproxima da morte e nos envelhece desnecessariamente antes do tempo. Portanto, quer estejamos falando de pele, músculo cardíaco ou neurônios cerebrais, faz sentido abordar o cortisol como uma espécie de interruptor principal no metabolismo do envelhecimento.

Para saber mais sobre como o controle do cortisol pode ajudá-la a perder peso e a combater o estresse e as doenças, meus livros anteriores sobre o assunto, *Nação cortisol* (2002, EUA, e 2025, Brasil) e *The Cortisol Connection Diet: The Breakthrough Program to Control Stress and Lose Weight* (2004), são leituras essenciais. Eles fornecem diretrizes semelhantes às deste livro, mas entram em mais detalhes sobre a ciência por trás dos efeitos negativos do cortisol no corpo e os muitos efeitos positivos que o controle do cortisol pode ter em nosso bem-estar geral e na prevenção de doenças como obesidade, diabetes, hipertensão, osteoporose e síndrome X. Além disso, *The Cortisol Connection Diet* fornece uma dieta clara e um plano de exercícios que a ensinarão a usar alimentos e suplementos para controlar o cortisol, o açúcar no sangue e o metabolismo.

Como o cortisol é basicamente o controlador das quatro vias metabólicas do programa FACE descrito neste livro, precisamos controlá-lo para desacelerar o processo de envelhecimento da pele, tratando e prevenindo problemas para promover uma pele radiante e saudável. Quando fazemos isso, obtemos benefícios inesperados: o controle do cortisol também produz resultados benéficos no que se refere à perda de peso, melhora do humor e aumento da libido! Isso não quer dizer que o cortisol seja a única via metabólica que precisa ser tratada para promover uma pele saudável, mas, considerando seu profundo efeito sobre o funcionamento do corpo, o controle do cortisol é o ponto de partida mais lógico.

Uma das principais maneiras de o cortisol ganhar o rótulo de hormônio da morte é por meio de seu efeito destrutivo sobre o colágeno, a proteína mais abundante no corpo humano (cerca de um terço de todas as proteínas) e o principal componente estrutural dos tecidos da pele (cerca de 90%). O colágeno serve como a estrutura sobre a qual são construídas todas as principais estruturas do nosso corpo, inclusive a pele. É ele que evita linhas de expressão e rugas, e é o que temos de mais próximo de uma fonte da juventude.

A saúde da pele e dos ossos é afetada pela forma como *metabolizamos* o colágeno, ou seja, como nossos sistemas disponibilizam o colágeno para uso produtivo em nosso corpo. O metabolismo do colágeno pode ser influenciado por nossos hábitos alimentares, padrões de exercícios e estilo de vida. Quando estamos sob estresse (e isso inclui até mesmo o "estresse" da dieta), nossos níveis de cortisol aumentam, contribuindo para uma quebra mais rápida dos tecidos que contêm colágeno, como ossos e pele.

Outra fonte de destruição do colágeno é o processo de ressecamento que ocorre com o envelhecimento. Entretanto, há maneiras de reduzir essa destruição e promover a síntese de fibras de colágeno mais fortes. A maioria das pessoas tenta fazer isso usando cosméticos tópicos que lubrificam e hidratam a superfície da pele, na tentativa de retardar o processo de envelhecimento. Alguns desses remédios tópicos são naturais e funcionam bem com a tendência de autocura do corpo, como você aprenderá no Capítulo 11, "Colocando tudo junto". No entanto, toda a premissa deste livro é que a melhor e mais natural maneira de cuidar de sua pele é fornecer nutrição a partir do *interior*. Por meio de mudanças no estilo de vida para redução do estresse, nutrição balanceada, suplementos dietéticos e exercícios, é possível controlar a quantidade de cortisol liberada na corrente sanguínea durante o estresse. Fazer isso pode ajudar muito a equilibrar o processo de renovação do colágeno e até inclinar a balança ligeiramente a seu favor quando se trata de reparar tecidos conjuntivos vitais e prevenir (ou pelo menos retardar) algumas das condições que normalmente associamos ao envelhecimento.

Se você ainda é muito jovem para precisar de orientação antienvelhecimento e sua preocupação é tratar e prevenir problemas de pele – por exemplo, se a sua situação não é de pele seca, mas o oposto: pele oleosa e propensa a acne –, meu programa FACE iniciará um regime de cuidados com a pele de dentro para fora enquanto você é jovem. Como esse é um programa que faz com que você *se sinta* melhor, além de *ter uma aparência* melhor, ele pode evoluir com você confortavelmente ao longo dos anos, de modo que, quando sua pele se tornar mais madura, ela terá os benefícios a longo prazo da base FACE.

O PROGRAMA FACE

FACE é um acrônimo para radicais livres (*Free radicals*), produtos finais de glicação avançada – PFGA (*Advanced glycation end-products*), cortisol (*Cortisol*) e eicosanoides (*Eicosanoids*) (os radicais livres têm a ver com a oxidação, os PFGA com os níveis de açúcar no sangue, e os eicosanoides com a inflamação). Cada um desses tópicos de aparência complicada é explicado no livro.

A premissa do programa FACE é que a aparência externa de uma pele bonita começa por dentro, e que a pele enrugada e manchada *não* é um resultado inevitável do envelhecimento. Tampouco a pele problemática é algo que só pode ser tratado por meios externos caros e, muitas vezes, abrasivos. Essa abordagem totalmente natural para obter uma pele bonita e uma aparência jovem baseia-se nas mais recentes evidências científicas e em anos de experiência na vida real com centenas de participantes. À medida que você aprender e seguir as orientações do programa FACE, *seu* rosto ficará cada vez mais bonito naturalmente.

O que percebemos como envelhecimento é, na verdade, um fenômeno complicado e multifacetado relacionado à deterioração e ao reparo da pele – um processo cíclico que nós, cientistas, chamamos de "renovação do tecido". No caso da pele, nós o chamamos de "renovação do colágeno". A solução mais eficaz para um *problema* multifacetado é um *programa* multifacetado, e é exatamente isso que o programa FACE é. Além de ser simples e barato de seguir, você descobrirá que ele é milagroso na aparência, na sensação e no funcionamento.

A razão pela qual o controle do cortisol é tão importante para uma pele saudável é que o estresse e a exposição ao cortisol podem desencadear níveis mais altos de FACE. Isso desencadeia processos corporais que são contrários a uma pele saudável, como:

- Aumento do apetite por doces, levando à glicação, quebra de colágeno e rugas;
- Aumento da produção de óleo na pele, levando à acne;
- Aumento da produção de eicosanoides e citocinas relacionadas, levando à redução da cicatrização de feridas, regeneração mais lenta da pele e mais vermelhidão, coceira e inchaço;
- Carga de radicais livres, levando a microdanos na pele e perda de umidade e proteção da barreira cutânea, e interferindo na função da insulina, aumentando assim os níveis de açúcar no sangue e a glicação.

Felizmente, o programa FACE oferece uma abordagem específica para a pele e o colágeno que gera benefícios sistêmicos para todo o corpo. Isso significa que, além dos benefícios de um regime direcionado à saúde da pele (incluindo a redução de rugas e manchas), você também terá redução do estresse, melhora do humor, redução da gordura corporal, melhora do tônus muscular e muitos outros resultados inesperados e bem-vindos.

ENTENDENDO O PROGRAMA FACE
Como descobri a importância do controle do cortisol

Nunca tive a intenção de escrever um livro sobre beleza – ou sobre a saúde da pele. Há muitos anos, quando eu era um jovem estudante de doutorado na Rutgers University, meu foco era o metabolismo ósseo – especificamente, descobrir as complexas interações entre nutrição, estilo de vida e osteoporose. Em nosso laboratório, estudamos a influência da dieta e dos exercícios no colágeno. Por meio de nossos estudos e dos estudos de nossos colegas cientistas, passamos a entender que o metabolismo do colágeno (e, portanto, a saúde de nossa pele e ossos) pode ser influenciado pelo mundo ao nosso redor. Nosso laboratório foi um dos primeiros no mundo a mostrar que o "estresse" da dieta para perda de peso aumentava os níveis de cortisol e contribuía para uma quebra mais rápida dos tecidos que contêm colágeno, como ossos e pele.

Atualmente, a comunidade científica aceita o fato de que o estresse crônico e a superexposição ao cortisol levam à rápida degradação de outros tecidos, inclusive neurônios cerebrais, vasos sanguíneos, músculos, células imunológicas e muitos outros. Como o colágeno é a principal proteína da pele, essa aceleração da degradação do colágeno induzida pelo cortisol leva inevitavelmente a problemas de pele, incluindo rugas, acne e tom de pele irregular. A degradação do colágeno e os danos à pele também podem ser acelerados por outros fatores, inclusive processos metabólicos, como inflamação, oxidação e glicação. Desequilíbrios em cada um desses quatro processos estão bem documentados na literatura científica e médica como resultado dos efeitos rápidos e evidentes que consideramos como envelhecimento precoce.

Entretanto, até que eu conduzisse um programa específico de perda de peso, nada disso tinha um significado direto para mim. Não sou dermatologista, mas bioquímico nutricional, com formação em medicina esportiva, gestão de saúde e fisiologia do exercício. Durante a última década, aproximadamente, minha carreira se concentrou no uso da nutrição e de outras estratégias de estilo de vida para ajudar as pessoas a perderem peso e melhorarem sua saúde. Com esse objetivo, projetei e conduzi uma série de programas de perda de peso populares e muito bem-sucedidos. Em geral, eles são realizados três ou quatro vezes por ano, e sempre temos uma lista de espera. Eles acontecem perto de Salt Lake City, Utah, onde agora moro com minha esposa e dois filhos.

Esses programas seguem um método que chamo de programa SENSE, pois incorpora gerenciamento de estresse (*Stress management*), exercícios (*Exercise*), nutrição (*Nutrition*), suplementação (*Supplementation*) e avaliação (*Evaluation*). Os participantes invariavelmente experimentam perda de gordura, ganho muscular, aumento de energia, melhora do humor, redução do estresse, aumento da libido e uma série de benefícios relacionados. O melhor de tudo é que nossos participantes nunca se sentem privados, famintos ou como se estivessem seguindo uma "dieta". De fato, nas primeiras semanas de cada sessão, sempre há vários participantes que declaram que o programa nunca funcionará para eles porque é "fácil demais". Nossa resposta é sempre a mesma: "Confie em nós", dizemos. "Basta seguir o programa por algumas semanas e você verá os benefícios." Eles o fazem e ficam maravilhados.

Minha descoberta da conexão cortisol/beleza foi uma espécie de acidente. Durante os primeiros anos em que estávamos executando os programas de perda de peso SENSE, os participantes comentavam que "se sentiam ótimos" e achavam que "estavam mais bonitos". No início, minha equipe e eu sempre interpretávamos esses comentários positivos como um reflexo da empolgação desses participantes por finalmente conseguirem perder peso e mantê-lo. No entanto, com o tempo, percebemos que poderia haver algo mais em jogo.

Tivemos essa "sensação" quando recrutamos um grupo de participantes, que já estavam em forma e eram magros, para verificar se o nosso programa SENSE poderia ajudá-los a controlar sua percepção de estresse em relação à alimentação durante um período de tempo tradicionalmente de alto estresse (a temporada de férias, do Dia de Ação de Graças[1] ao Ano-novo). Esses homens e mulheres, em sua maioria jovens, de boa aparência e bem-sucedidos, não tinham muito peso a perder; eles simplesmente ficavam estressados durante as festas de fim de ano e ganhavam peso como resultado da alimentação descontrolada.

Depois que terminaram o programa, eles *também* nos disseram que se sentiam e pareciam melhores, o que achamos muito interessante. Conseguimos entender a parte do "sentir-se melhor", porque descobrimos que os níveis de estresse e cortisol deles foram reduzidos em cerca de 20% depois de seguirem o programa SENSE. Mas a parte da "aparência melhor" foi uma surpresa (lembre-se, essas pessoas já tinham uma aparência muito boa). Nossa descoberta inesperada foi que o mesmo programa SENSE que os fez se sentirem menos estressados (e que havia ajudado participantes anteriores com sobrepeso a perderem peso) também estava proporcionando alguns benefícios de beleza bastante perceptíveis. Nossos participantes descobriram que, ao controlar seus níveis de estresse, também estavam controlando sua exposição ao cortisol. Como resultado, suas rugas foram reduzidas, sua pele não estava mais irritada e também (especialmente a pele do rosto) estava mais clara, mais suave e com aparência mais jovem. Outra descoberta interessante que andou de mãos dadas com a aparência e a sensação de bem-estar foi a melhora do desejo sexual (libido) (não é preciso dizer que isso assustou os pais de adolescentes que estavam participando do programa e deixou constrangidos os adolescentes cujos pais estavam participando do programa).

1. N. R.: o Dia de Ação de Graças, comemorado nos EUA, é 27 de novembro.

Acontece que todos esses efeitos – da perda de peso à melhora do humor, da pele saudável à melhora da libido – são o resultado do controle do cortisol. No entanto, quando explicamos a conexão com o cortisol em termos adequados, cientificamente sólidos e racionais, nossos participantes insistiram em se referir ao programa como a "aula da fonte da juventude".

ENFRENTANDO SEU BELO FUTURO

O programa FACE, sobre o qual você lerá neste livro, é uma versão atualizada do popular programa de emagrecimento SENSE e é o *único* programa abrangente que controla todos os quatro aspectos F-A-C-E que causam o envelhecimento precoce e acelerado. O FACE se baseia nos benefícios sistêmicos e para todo o corpo do SENSE, usando uma abordagem específica para a pele e o colágeno, a fim de atender às suas necessidades exclusivas de cuidados com a pele. Isso significa que, ao seguir o programa FACE, você obterá todos os benefícios que nossos participantes do programa SENSE obtiveram – redução do estresse, melhora do humor, redução da gordura corporal, melhora do tônus muscular e muito mais –, mas com o benefício adicional de ter um controle de saúde da pele direcionado que reduzirá rugas, manchas e problemas de pele.

Vou lhe dizer o que esperar de *O poder do cortisol*. A Parte 1 apresenta a ciência por trás do programa FACE para que você possa entender o que acontece sob sua pele.

- O *Capítulo 1* apresenta uma visão geral do Programa FACE – minha abordagem metabólica abrangente para unificar as quatro principais teorias antienvelhecimento com base científica em um programa único, fácil de seguir e realista.
- O *Capítulo 2* apresenta uma visão geral com base científica do colágeno e do metabolismo normal da pele – como ele deve

funcionar, qual deve ser sua aparência e o que está acontecendo sob a superfície do maior órgão do corpo.

- O *Capítulo 3* aborda o processo de "envelhecimento" e sua reversão por meio do programa FACE, além de desmistificar o processo metabólico pelo qual nossa pele passa a cada hora do dia. Ao compreender um pouco do metabolismo por trás da pele "normal" e da pele "envelhecida", você pode obter uma compreensão mais profunda de como e por que o FACE pode funcionar para você.
- O *Capítulo 4* discute algumas das principais causas e soluções por trás de nossos problemas de pele mais prevalentes: rugas, acne, marcas escuras e tom de pele irregular, incluindo vermelhidão, rosácea e manchas.

A Parte 2 fornece informações dietéticas específicas que você pode seguir para alimentar seu FACE.

- O *Capítulo 5* apresenta a dieta Helping Hand (mão amiga), assim chamada porque você usa o tamanho da sua mão como um dispositivo de controle de porções. Isso permite equilibrar a ingestão de carboidratos, proteínas, gorduras e fibras de forma a considerar tanto a quantidade quanto a qualidade dos alimentos ingeridos.
- O *Capítulo 6* discute os suplementos que você pode tomar para *controlar o cortisol* (o "C" da FACE), incluindo *ashwagandha*, *Cordyceps*, *Epimedium*, damiana, casca de magnólia, *kava kava*, ginseng, passiflora, *Rhodiola rosea*, *Schisandra*, valeriana e teanina.
- O *Capítulo 7* discute os suplementos que você pode tomar para *controlar a oxidação* (o "F" – de "radicais livres" – de FACE). Esses suplementos incluem vitamina A, espirulina, vitamina C, vitamina E, betacaroteno, chá verde, flavonoides/polifenóis, licopeno, luteína/zeaxantina e *gotu kola*.

- O *Capítulo 8* discute os suplementos que você pode tomar para *controlar os PFGA* (o "A" de FACE), ou seja, para controlar o açúcar no sangue. Esses incluem cromo, vanádio, zinco, ácido alfa-lipoico, *Gymnema sylvestre*, folha de banaba, melão-de-são-caetano, *Panax ginseng* e feno-grego.
- O *Capítulo 9* discute os suplementos que você pode tomar para *controlar os eicosanoides* (o "E" da FACE), ou seja, os efeitos da inflamação. Isso inclui ácidos graxos essenciais, óleo de prímula, óleo de borragem, *Boswellia serrata*, bromelaína e papaína, óleo de linhaça, gengibre e casca de salgueiro-branco.
- O *Capítulo 10* apresenta um guia passo a passo para iniciar e seguir o programa FACE.
- O *Capítulo 11* reúne tudo isso com conselhos de vários especialistas em cuidados com a pele sobre como cuidar naturalmente de seu órgão mais extenso, sensível e requintado – sua pele.
- Por fim, você encontrará apêndices com receitas e exercícios, além de uma seção de Recursos com informações de contato das diversas fontes mencionadas no livro.

Espero que você esteja ansiosa para iniciar seu próprio programa FACE. Como pesquisador ativo e como alguém que gosta de aplicar a ciência para ajudar as pessoas e "praticar o que prego", convido-a a compartilhar suas ideias sobre *O poder do cortisol* e suas experiências com o programa FACE. Sinta-se à vontade para me enviar um e-mail para www.cortisolconnection.com. Aguardo ansiosamente seu contato.

1

PARTE 1

A CIÊNCIA POR TRÁS DOS CUIDADOS COM A PELE DE DENTRO PARA FORA E DO PROGRAMA FACE

CAPÍTULO 1

VISÃO GERAL DO PROGRAMA FACE

Quanto mais eu vivo, mais bela a vida se torna. Se você tolamente ignorar a beleza, logo se verá sem ela. Sua vida ficará empobrecida. Mas se você investir na beleza, ela permanecerá com você todos os dias de sua vida.

— Frank Lloyd Wright
Arquiteto americano, 1867-1959

Se você está se perguntando do que se trata o programa FACE, posso resumi-lo em uma única frase: a aparência externa de uma pele bonita *começa por dentro*, e a pele enrugada e manchada *não* precisa ser um resultado inevitável do envelhecimento. FACE, como você descobriu na Introdução, é um acrônimo das palavras em inglês para radicais livres, produtos finais de glicação avançada, cortisol e eicosanoides – processos corporais que precisam ser compreendidos e controlados para proteger a saúde da pele e do corpo como um todo. Felizmente, é isso que o programa FACE faz com tanto sucesso. Como uma abordagem multifacetada para tratar simultaneamente de várias causas do envelhecimento, esse programa pode ser considerado, em muitos aspectos, como uma "Teoria Unificada do Envelhecimento".

BONS MOTIVOS PARA SE INSCREVER NO PROGRAMA FACE

Considerando todas as soluções antienvelhecimento "milagrosas" que estão disputando sua atenção, qual é a vantagem de experimentar o programa FACE? Ele é a única abordagem realmente *abrangente* para a saúde definitiva da pele. Além disso, o programa FACE não afirma que existe um único "demônio do envelhecimento", cujo controle fará tudo para todos.

Por exemplo, alguns programas populares antirrugas concentram-se no controle da inflamação. Embora esse seja um ótimo ponto de partida, a inflamação é apenas *uma* das principais causas do envelhecimento precoce; portanto, os programas de controle de inflamação são automaticamente limitados em seus efeitos e benefícios gerais. Há também os programas antiacne que se concentram apenas em cobrir a pele com cremes tópicos para controlar as espinhas – mas não fazem nada para modular o metabolismo diário da pele que leva à acne em primeiro lugar. Da mesma forma, há programas antienvelhecimento que se concentram no controle dos radicais livres com cremes ou suplementos antioxidantes tópicos, ou que se concentram apenas no controle da glicação, ingerindo menos açúcar e alimentos com índice glicêmico mais baixo. O resultado? Programas limitados com foco limitado levam a benefícios limitados para *você*.

Não sou contra todos esses programas. Acho que muitos deles oferecem alguma esperança e ajuda. Mas por que aceitar menos do que a solução completa? Por que escolheria um programa mais complicado de seguir e mais limitado em escopo, quando o programa FACE permite controlar *todos os quatro* aspectos metabólicos do envelhecimento *ao mesmo tempo* com um único método fácil de seguir?

CHEGAR ÀS RAÍZES DO CICLO DE DANOS À PELE

Sendo mais do que superficial, o programa FACE nutre sua pele, atingindo as *raízes* do ciclo de danos à pele.

Tanto os cientistas quanto os médicos concordam que a **inflamação** excessiva (causada por eicosanoides e citocinas) pode levar a danos e deterioração acelerados da pele, portanto faz muito sentido controlar a inflamação para promover a saúde da pele. Mas se analisarmos com mais profundidade as *causas* da inflamação, veremos rapidamente outros fatores que podemos controlar. Como a **oxidação** (causada pelos radicais livres) leva à inflamação em nível celular, por que não controlar a oxidação? Ótima ideia – mas por que não olhar ainda mais para cima na cadeia metabólica de eventos para ver se podemos controlar ou modular as causas da oxidação?

Quando fazemos isso, vemos que a **glicação** (dano celular causado por açúcares) pode levar à oxidação (que, por sua vez, pode levar à inflamação) – portanto, temos outro fator que podemos abordar. Devemos parar por aí? É claro que não, pois, quando olhamos ainda mais para cima no fluxo metabólico, vemos que o **estresse** (e a exposição ao cortisol causada pelo estresse) pode levar à glicação, que pode levar à oxidação, que por sua vez leva à inflamação. Infelizmente, na atualidade não sabemos o suficiente por meio de pesquisas científicas ou médicas para ir mais além no que diz respeito ao controle metabólico do envelhecimento celular. O estresse é o máximo que podemos avançar no momento, mas isso ainda é muito bom.

Isso nos dá quatro aspectos do metabolismo que podemos abordar para controlar a estrutura e a função da pele e, portanto, a aparência. Talvez a melhor notícia de todas seja que cada um desses quatro aspectos do metabolismo é facilmente controlado por fatores relacionados ao estilo de vida: dieta, exercícios, controle do estresse e uso de produtos naturais, como suplementos e produtos tópicos.

O QUE É FACE?

Como já mencionei, o acrônimo FACE representa os quatro principais aspectos metabólicos do envelhecimento:

F = Radicais livres

É aí que entra a oxidação. Os radicais livres são formas altamente reativas de oxigênio que podem danificar as membranas celulares e outras estruturas celulares em todo o corpo, mas principalmente na pele. Os radicais livres chegam até nós de fontes internas, como a respiração e o metabolismo dos alimentos em energia, bem como de fontes externas, como a luz solar e a poluição do ar. Felizmente, podemos controlar a exposição aos radicais livres e o dano celular (denominado "oxidação") que eles causam por meio das recomendações de antioxidantes do programa FACE, que são discutidas no Capítulo 7.

A = Produtos finais de glicação avançada (PFGA)

A abreviação "PFGA" diz tudo. A glicação avançada faz com que você pareça mais velha. A glicação é o processo pelo qual as moléculas de açúcar se ligam às moléculas de proteína e inibem seu funcionamento normal. O excesso de açúcar – ou, mais precisamente, o controle inadequado do açúcar no sangue – pode levar rapidamente a um acúmulo de proteínas glicadas, cujo resultado são problemas de pele, como aumento de rugas, inchaço, vermelhidão e acne. Da mesma forma que o controle dos radicais livres já descrito, as recomendações nutricionais do programa FACE foram elaboradas para controlar o açúcar no sangue modulando a função e a atividade da insulina (o hormônio responsável pela regulação do açúcar no sangue). Essas recomendações são apresentadas no Capítulo 8.

C = Cortisol

O cortisol, conforme explicado na Introdução, é o principal hormônio do estresse do corpo. Portanto, sempre que estamos sob estresse, somos expostos ao cortisol. A produção de cortisol no corpo é uma parte normal da vida humana. Isso só se torna um problema quando somos expostos a uma quantidade excessiva dele de forma crônica – um cenário que é simplesmente muito comum no mundo apressado e sempre "ligado" do século 21. A superexposição ao cortisol leva invariavelmente ao aumento da inflamação (veja a seguir), da oxidação e da glicação. De muitas maneiras, o cortisol é o "controlador mestre" entre as quatro vias metabólicas abordadas pelo programa FACE, portanto, embora o maior retorno no que se refere à promoção da saúde da pele venha do controle do cortisol (e, por padrão, do controle dos outros aspectos do envelhecimento da pele), faz sentido controlar de forma simultânea os outros aspectos, para criar uma abordagem realmente abrangente. As recomendações para o controle do cortisol são apresentadas no Capítulo 6.

E = Eicosanoides

A função dessas moléculas inflamatórias (às vezes chamadas de citocinas) é regular a inflamação. A inflamação é um processo metabólico normal com alguns benefícios para a manutenção da vida. Por exemplo, sem um processo inflamatório robusto, sucumbiríamos rapidamente a infecções bacterianas e virais. No entanto, quando a resposta inflamatória se torna hiperativa (como pode acontecer com alergias e com algumas formas de doenças cardíacas) ou mal direcionada (como quando leva a mais danos à pele, em vez de menos), precisamos reequilibrar a cascata inflamatória de volta ao seu modo anti-inflamatório natural. O programa FACE não só ajuda a controlar a inflamação diretamente (modulando os eicosanoides), mas também ajuda a equilibrar os radicais livres, os PFGA e o cortisol – três aspectos do metabolismo que podem levar à hiperinflamação quando não são controlados. As recomendações para o controle dos eicosanoides são apresentadas no Capítulo 9.

FACE EM AÇÃO

Você já ouviu o ditado "Você é o que você come". Mas já parou para pensar que o que você come também pode influenciar a sua *aparência*? Com base em vários estudos científicos recentes e em muitas décadas de estudos populacionais, agora sabemos claramente que os fatores nutricionais podem influenciar a saúde da pele de várias maneiras. Por exemplo, sua escolha de dieta pode promover ou prevenir muitos dos fatores metabólicos associados à acne, às rugas, à descoloração e ao próprio processo de envelhecimento da pele. A seguir, apresentamos um resumo das ações dietéticas exigidas pelo programa FACE. Cada um desses tópicos é discutido em mais detalhes em capítulos posteriores.

O que não comer

Quando se trata de dieta e saúde da pele, sabemos muito sobre o que *não* fazer. Isso se resume a evitar ou limitar a ingestão de carboidratos altamente refinados, refrigerantes e alimentos processados que contenham xarope de milho com alto teor de frutose e gorduras trans (o rótulo dirá "óleo hidrogenado" ou "óleo parcialmente hidrogenado"). Por que você precisa evitar esses tipos de alimentos altamente processados? Porque eles provocam uma reação metabólica em cadeia no corpo que causa elevações prejudiciais à saúde do açúcar no sangue, da insulina, do cortisol, das citocinas e dos radicais livres. Puxa!

Esses eventos metabólicos não só são ruins para a saúde a longo prazo, como também são ruins para a *aparência* a longo e curto prazos. Por exemplo, comer aquele pãozinho de farinha branca de tamanho monstruoso (que contém muitos carboidratos refinados) leva à destruição microscópica do tecido por meio de vários eventos relacionados, incluindo:

- Picos nos níveis de açúcar no sangue e de insulina, que levam à glicação de proteínas e à destruição do colágeno e da elastina (proteínas estruturais essenciais para uma pele saudável);
- Níveis elevados de cortisol, que levam a desequilíbrios no processo inflamatório em favor de eicosanoides pró-inflamatórios (que acarretam inchaço, vermelhidão e mais danos aos tecidos);

- Sinalização inflamatória de eicosanoides, que aumenta a destruição radical livre das membranas dos tecidos em todo o corpo, especialmente na pele.

O que é bom para comer

Não é agradável pensar que escolhas alimentares ruins podem levar a um metabolismo tão destrutivo em seu corpo. Mas todos nós fazemos essas escolhas muitas vezes por dia – de fato, toda vez que comemos! Felizmente, a disponibilidade de evidências científicas muito boas pode nos ajudar a escolher uma dieta que forneça ingredientes que não apenas reduzam essas reações metabólicas prejudiciais em cadeia, mas que, na verdade, previnam e revertam os efeitos sobre a saúde da pele causados pela glicação, inflamação e tudo o mais.

Aqui estão algumas das maneiras mais fáceis de controlar esses saqueadores metabólicos:

- Coma mais dos tipos certos de gorduras (e menos dos tipos ruins);
- Coma menos carboidratos refinados (e mais carboidratos de grãos integrais);
- Coma mais antioxidantes (encontrados em frutas/vegetais de cores vivas) e use suplementos;
- Reduza o estresse (ou controle a exposição ao cortisol, o hormônio do estresse).

Gorduras boas, carboidratos bons

O tipo de gordura e o tipo de carboidrato que você ingere são de vital importância para determinar seu nível geral de inflamação e o risco final de doenças cardíacas. Essas informações são baseadas em dados muito convincentes coletados em mais de noventa mil mulheres e cinquenta mil homens por pesquisadores da Harvard University desde meados da década de 1970. Suas recomendações sobre escolhas alimentares concentram-se em gorduras saudáveis (óleos de oliva, canola, soja, milho, girassol e amendoim) e carboidratos saudáveis (alimentos integrais, como pão de trigo integral, aveia e arroz integral), e o consumo desses alimentos está associado a uma redução de 30-40% no risco de doenças cardíacas inflamatórias. E o consumo de mais óleos monoinsaturados está associado a uma melhor hidratação e ao pH da pele, de acordo com um estudo realizado por pesquisadores holandeses e publicado no *American Journal of Clinical Nutrition* (fevereiro de 2003), que apoia as recomendações de Harvard. Além disso, as diferenças surpreendentes nas taxas de acne entre populações que consomem uma alta ingestão de carboidratos refinados (taxas de acne em adultos que chegam a 40-54%) e populações que consomem menos carboidratos refinados (praticamente zero acne em adultos) foram observadas por pesquisadores da University of Colorado no *Archives of Dermatology* (2002).

As dietas modernas fornecem cerca de 20 a 25 vezes mais ácidos graxos ômega-6 do que ácidos graxos ômega-3. Essa situação predispõe nosso corpo a citocinas pró-inflamatórias e à inflamação sistêmica. A melhor maneira de lidar com esse desequilíbrio é limitar a ingestão de gorduras ômega-6 (especialmente alimentos fritos; para obter mais informações, consulte o Capítulo 9) e, ao mesmo tempo, aumentar o consumo de gorduras ômega-3 – por exemplo, comendo peixes gordurosos como salmão, cavala e anchova. Para as pessoas que não podem ou não querem comer mais peixes gordurosos, um suplemento diário de óleo de peixe pode fornecer os ômega-3 necessários para ajudar a suprimir as citocinas inflamatórias. Vários estudos demonstraram que as propriedades anti-inflamatórias dos ácidos graxos ômega-3 da dieta podem ajudar a modular a inflamação da pele.

Mais brilhante é melhor

Certifique-se de incluir representantes de toda a rede de antioxidantes (vitaminas C e E, tióis, carotenoides e flavonoides). Pesquisadores coreanos relataram no *Annals of the New York Academy of Sciences* (2001) que os radicais livres estão intimamente envolvidos no processo inflamatório que leva ao envelhecimento acelerado da pele. Escolha frutas e vegetais de cores vivas, como frutas vermelhas, tomates e cenouras, para obter o maior teor de carotenoides e flavonoides. Ao tomar suplementos, evite megadoses de compostos antioxidantes individuais e, em vez disso, concentre-se em selecionar produtos que ofereçam uma mistura equilibrada de cada categoria da rede de antioxidantes.

Menos estresse

O cortisol é elevado em resposta a eventos estressantes, falta de sono e até mesmo dieta. Pesquisadores de Londres relataram no *Journal of the American Heart Association* que mesmo períodos curtos de estresse podem aumentar os níveis de cortisol e citocinas no sangue – e esses níveis elevados de cortisol/citocinas foram associados ao desenvolvimento da "síndrome metabólica" inflamatória, um conjunto de sintomas que inclui obesidade, diabetes, hipertensão e colesterol elevado (*Circulation* 2002). É possível obter um controle eficaz do cortisol equilibrando a ingestão de carboidratos com proteínas e gorduras saudáveis e adicionando uma variedade de suplementos dietéticos ao seu regime diário – por exemplo, teanina, beta-sitosterol e adaptógenos, como *Cordyceps*, ginseng, *Rhodiola* e outros. Nos capítulos posteriores deste livro, você encontrará muitas recomendações valiosas para a redução do estresse dentro do programa FACE. No Capítulo 11, em especial, nosso painel de especialistas em cuidados com a pele aborda a importância da mentalidade e da atitude no controle do estresse.

UMA PALAVRA FINAL

Como você pode ver, assim como *somos* o que comemos, em termos bem gerais também tendemos a nos *parecer* com o que comemos! E quem quer se parecer com lixo? A solução é enfrentar os fatos nutricionais e comer para ter uma pele saudável, concentrando-se em carboidratos e gorduras saudáveis, controlando o estresse e o cortisol e incluindo antioxidantes e ácidos graxos ômega-3 suficientes em sua dieta diária. Dessa forma, você pode realmente obter saúde e beleza de dentro para fora.

Conforme discutido anteriormente, não há nada de errado em seguir um programa antirrugas baseado "apenas" no controle inflamatório ou "apenas" no controle de radicais livres. Sem dúvida, você verá benefícios com as antigas dietas de "salada e salmão" defendidas por muitos dermatologistas. No entanto, como em todos os cenários complicados, se a solução para um problema complexo for simples demais, você fatalmente irá perder tempo, e seus resultados provavelmente serão limitados. Este é o caso dos programas existentes (limitados): você pode estar controlando a inflamação, mas está perdendo terreno para a oxidação; e, enquanto controla a oxidação, está perdendo terreno para a glicação, e assim por diante. O programa FACE trata a saúde da pele sob a perspectiva do *controle metabólico* e, ao abordar os aspectos celulares e hormonais do metabolismo da pele, vai direto à raiz do problema.

CAPÍTULO 2

O QUE ESTÁ ACONTECENDO SOB A PELE: A HISTÓRIA DO COLÁGENO

A natureza lhe dá o rosto que você tem aos 20 anos;
cabe a você merecer o rosto que terá aos 50.

— Coco Chanel
Designer de moda francesa, 1883-1971

Cite rapidamente o nome do maior órgão do corpo. Fígado? Não. Intestinos? Quase, mas não. Cérebro? Esqueça. A resposta correta é a pele. Pode ser difícil de imaginar, mas a pele não é apenas uma camada de células mortas. Sob a primeira camada de epiderme (que *é* composta de células mortas da pele), há várias camadas mais espessas de derme viva e tecidos subcutâneos.

A pele é o maior órgão do seu corpo. É sua primeira linha de defesa contra o mundo exterior e abrange uma vasta rede de vasos sanguíneos, nervos e glândulas (para suor e lubrificação). Em média, a pele de uma pessoa cobre cerca de dois metros quadrados e pesa mais de 3 quilos quando está adequadamente hidratada (mais sobre isso adiante).

Sua pele oferece mais proteção do que você imagina. Além de oferecer proteção aos tecidos e órgãos subjacentes, dos raios de luz nocivos e dos agentes infecciosos causadores de doenças, sua pele também ajuda a controlar a temperatura corporal, evita a perda excessiva de vitaminas e minerais, recebe informações sensoriais do ambiente, excreta água e sais e sintetiza muitos compostos importantes, inclusive a vitamina D. Que órgão tão ocupado e útil!

A ESTRUTURA DA PELE

Estruturalmente, a pele é composta de duas partes principais: a parte externa e mais fina, chamada *epiderme*, e a camada de tecido conjuntivo mais profunda e mais espessa, chamada *derme*. Abaixo dessas duas camadas de pele estão os *tecidos subcutâneos*, incluindo o tecido adiposo, ou gordura. As fibras da derme se estendem para baixo de modo a ancorar a pele às camadas subcutâneas. Por sua vez, as camadas subcutâneas estão firmemente presas a tecidos e órgãos ainda mais profundos.

Embora a pele tenha cerca de 60% de água, a parte "seca" restante é composta principalmente por três tipos de proteínas que desempenham papéis essenciais na estrutura e na saúde da pele. Grande parte do que causa o enrugamento da pele decorre de problemas na construção e manutenção dessa rede de três proteínas:

1. **Queratina,** a proteína mais forte da pele, é encontrada na camada externa da epiderme e é responsável pela rigidez da pele.
2. **Colágeno,** que é encontrado na derme, é a proteína mais abundante, compreendendo cerca de 90% do tecido da pele. O colágeno é a coisa mais próxima que temos de uma fonte da juventude, pois evita linhas de expressão e rugas.
3. **Elastina,** companheira proteica do colágeno e também encontrada na derme, é o elástico que dá estrutura à pele. São os níveis reduzidos de elastina que podem causar a flacidez da pele.

CABELOS E UNHAS
Onde o colágeno vai acabar

Por que não dói cortar o cabelo ou cortar as unhas? Muitas pessoas podem responder automaticamente que o cabelo e as unhas não têm sensibilidade porque estão "mortos". Uma resposta mais precisa seria que o cabelo e as unhas não têm terminações nervosas e, portanto, não recebem nem percebem estímulos de dor. Para pensar sobre essa questão de outra forma, pergunte: "Por que dói quando você puxa o cabelo?". A resposta é porque o cabelo está sendo separado de sua fixação "viva" na pele.

As células que compõem o tecido do cabelo e das unhas se originam e recebem apoio das fibras de colágeno saudáveis da matriz da pele. À medida que as células do cabelo e das unhas se acumulam, o interior de cada célula é lentamente substituído por queratina, uma proteína muito semelhante ao colágeno. Sabemos, com base em décadas de pesquisas em humanos e animais, que o auxílio ao metabolismo do colágeno por meio de dieta e exercícios pode ajudar a apoiar o processo de crescimento de cabelos e unhas "de dentro para fora", dando suporte às etapas iniciais da formação de colágeno e queratina.

O que conhecemos como "envelhecimento" é, na verdade, a observação externa de um desequilíbrio entre a degradação e o reparo do colágeno – e a interação entre oxidação, inflamação, glicação e estresse que rege esse processo.

RENOVAÇÃO DO COLÁGENO
Um processo natural que vale a pena apoiar

O colágeno passa continuamente por um processo de degradação e reparo. Esse ciclo, conhecido como "renovação" (*turnover*), é uma parte perfeitamente normal da manutenção do colágeno em sua saúde máxima. O processo de renovação permite que os tecidos com alto teor de colágeno – como a pele – se adaptem ao estresse e se reparem após sofrerem danos. Por exemplo, digamos que você exagere no jogo de softbol da empresa e acorde na manhã seguinte com os músculos e as articulações rígidos e doloridos. A dor e o desconforto que você sente resultam de danos aos músculos, tendões e ligamentos (todos ricos em colágeno, assim como a pele) causados pelo estresse do esforço excessivo. Você já sabe que a dor e a rigidez desaparecerão nos próximos dias. Isso ocorrerá *porque* seu processo natural de renovação começará a remover o tecido danificado e a substituí-lo por um tecido saudável novinho em folha, um pouco mais forte do que era antes.

O processo de renovação do colágeno na pele e em outros tecidos pode ser influenciado por diversos fatores, incluindo idade, saúde física e ingestão de nutrientes. Não é preciso ser cientista para perceber o enrugamento da pele, o enrijecimento das articulações e o envelhecimento (ou perda) dos cabelos à medida que avançamos em idade. Sabemos há décadas que a atividade física regular e a nutrição adequada podem ajudar a retardar ou reverter parte da deterioração do corpo. Na verdade, muitas das perdas de função consideradas como consequências "inevitáveis" do envelhecimento são pouco mais do que pequenas ineficiências e déficits sutis acumulados nesse processo de renovação ao longo dos anos.

Por exemplo, a rigidez das articulações é provavelmente a primeira consequência perceptível do envelhecimento. Você pode tentar se levantar da cadeira ou carregar algo pelo quintal e acabar admitindo: "Nossa, nunca senti *isso* antes". O que você está sentindo nessa situação é o resultado de anos e anos de estresse acumulado (e reparo inadequado) no tecido conjuntivo. Bem, o mesmo processo está em ação na sua pele – e a chave para manter a função ideal do tecido é manter e apoiar o processo naturalmente equilibrado de renovação do colágeno.

Praticamente todas as situações que associamos ao "envelhecimento" podem ser diretamente atribuídas ao equilíbrio vitalício de degradação e reparo em cada tecido. Nos inúmeros casos que nos fazem sentir mais velhos (por exemplo, dores nas articulações, músculos fracos, tendões e ligamentos rígidos), há uma conexão subjacente significativa com a saúde do colágeno. Em cada caso, o equilíbrio entre a degradação e o reparo se inclina a favor da perda de colágeno.

Mesmo que a degradação do colágeno supere a reparação por apenas uma pequena quantidade, o efeito combinado ao longo dos anos levará à disfunção. Se você pudesse dar um pequeno salto no equilíbrio – e aumentar um pouco a síntese de colágeno ou diminuir um pouco a degradação do colágeno –, então estaria de volta ao equilíbrio. Melhor ainda, se você pudesse modificar a situação a seu favor, aumentando a síntese de colágeno acima da taxa de degradação, então poderia realmente obter *ganhos* nas áreas que anteriormente lhe causavam problemas.

É isto que o programa FACE pode ajudá-lo a fazer: inclinar o equilíbrio da degradação e do reparo do colágeno a seu favor, controlando a oxidação, a inflamação, a glicação e o estresse (os principais reguladores do metabolismo do colágeno).

COLÁGENO: A ESTRUTURA PARA A VIDA

Como mencionado anteriormente, o colágeno é uma proteína. Todas as proteínas são um conjunto de elementos fundamentais menores chamados *aminoácidos*. Esses aminoácidos são mantidos juntos por várias interações químicas, que causam a formação de pequenos grupos chamados *peptídeos* e, em seguida, grupos maiores chamados *proteínas* (ver a Figura 2.1). Cada proteína do corpo tem uma função específica e essencial; não existem proteínas "extras". Por exemplo, algumas proteínas desempenham funções especializadas, como a digestão, na qual as proteínas chamadas *enzimas* quebram os alimentos em pedaços cada vez menores para absorção pelo estômago e pelos intestinos. Outras proteínas enzimáticas estão envolvidas no metabolismo, pois ajudam a converter o alimento em energia. Esses tipos de proteínas são às vezes chamados de "funcionais", porque desempenham funções altamente especializadas.

As proteínas funcionais com frequência são tão especializadas que só podem realizar uma tarefa muito específica (embora geralmente a façam muito bem). Por exemplo, a proteína que nos ajuda a armazenar gordura em nossas células só pode fazer o armazenamento. Uma proteína completamente diferente é necessária para ajudar as células a *liberar* essa mesma gordura, e outra proteína ainda é necessária para ajudar a *quebrar* essa gordura para obter energia. Parece complicado ter milhares de proteínas diferentes para realizar milhares de funções diferentes (e é mesmo!), mas faz muito sentido. Afinal, você não gostaria de ter uma enzima de função geral circulando pelo seu corpo, ativando um processo aqui e desativando outro ali. Seu metabolismo estaria em completo caos!

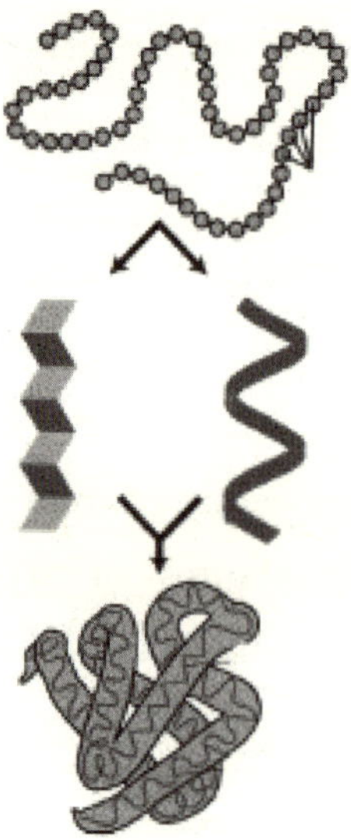

Figura 2.1: Estrutura de aminoácidos e proteínas

Outras proteínas desempenham um papel *estrutural* no corpo, ou seja, elas fornecem uma estrutura ou base sobre a qual nosso corpo é construído. O colágeno é a proteína mais abundante no corpo humano, representando cerca de um terço de todas as proteínas. O colágeno serve como a estrutura primária – ou camada de base – sobre a qual todas as principais estruturas do nosso corpo são construídas. De muitas maneiras, o colágeno pode ser considerado como as "vigas de aço" sobre as quais o resto do corpo (inclusive a pele) é construído.

Como acontece com outras proteínas, a molécula de colágeno é uma longa cadeia de elementos fundamentais de aminoácidos individuais. As moléculas de colágeno assumem a forma de fios muito longos – muito mais longos do que a maioria das outras proteínas. Esses fios são enrolados uns nos outros como uma corda, em grupos de três, para formar uma estrutura chamada hélice tripla (ver a Figura 2.2 adiante). A disposição em hélice tripla confere ao colágeno muitas de suas propriedades, como força, flexibilidade e resistência, e permite que o colágeno seja usado em uma ampla variedade de estruturas, incluindo ossos, articulações, pele, músculos, tendões e ligamentos.

MANUTENÇÃO DO COLÁGENO
Síntese, degradação e reparo

O processo de síntese e reparo do colágeno envolve uma cadeia complexa de eventos. A síntese de colágeno começa profundamente dentro das células individuais de cada tecido. Os aminoácidos são transportados para dentro da célula e adicionados à cadeia de colágeno em crescimento – mais ou menos como adicionar contas a um colar. À medida que as contas (aminoácidos) são adicionadas, o colar (molécula de colágeno) fica mais longo. Quando três moléculas de colágeno são concluídas, elas são torcidas por um grupo especializado de enzimas para formar uma estrutura trançada – a hélice tripla já mencionada. Essa hélice tripla é então transportada para fora da célula para processamento adicional. Uma vez fora da célula, várias reações – algumas que exigem enzimas e outras que ocorrem por conta própria com o passar do tempo – ajudam a colocar essas moléculas de colágeno da hélice tripla no arranjo adequado. O processo completo é mais ou menos assim:

aminoácidos ➔ moléculas de colágeno ➔ hélice tripla ➔ fibrilas de colágeno ➔ fibras de colágeno

Dependendo do tecido envolvido, as moléculas de colágeno podem estar dispostas em fibras colocadas muito próximas umas das outras (como no osso) ou espaçadas um pouco mais (como na cartilagem articular). A disposição precisa de cada fibra de colágeno ajudará a determinar sua função final.

Figura 2.2: Estrutura da hélice tripla do colágeno

A proteína do colágeno é composta por três fios individuais de proteína que são torcidos juntos em uma única estrutura - a hélice tripla - que dá ao colágeno sua força e flexibilidade exclusivas.

Quando as fibras de colágeno estão no lugar, começa o verdadeiro trabalho: *manter* esse complexo arranjo de fibras de colágeno contra a tensão repetitiva dos eventos diários. Para ajudar a manter sua força e resiliência, conforme já mencionado, o colágeno passa continuamente por um processo de quebra e reconstrução. Essa cadeia de eventos é um processo de reciclagem que ajuda a eliminar as fibras de colágeno mais antigas que podem estar danificadas ou enfraquecidas e as substitui por fibras de colágeno mais novas e saudáveis, que são mais fortes e mais capazes de suportar a tensão. Assim como as equipes de obras públicas são constantemente enviadas para consertar os buracos nas estradas, seu corpo precisa travar uma luta contínua para manter e reparar sua rede de colágeno.

Sem esse processo contínuo de revitalização e reparo da renovação do colágeno, pequenos danos diários se acumulariam e resultariam em uma grave deterioração do tecido. Nas articulações, isso pode levar a uma artrite dolorosa; nos ossos, pode levar a uma fratura por estresse; e nos músculos e tendões, o risco de distensões e rupturas pode aumentar. Esses são os riscos potenciais mais graves. No entanto, há vários outros efeitos adversos decorrentes de um processo de renovação de colágeno inadequado ou ineficiente, como enrugamento prematuro da pele, envelhecimento (ou perda) de cabelo e até mesmo perda prematura de dentes.

COLÁGENO E PELE

Certamente não preciso dizer a ninguém que está lendo este livro que a pele enruga à medida que envelhecemos. A pele enrugada é praticamente algo que todos nós aceitamos como parte inevitável do processo de envelhecimento. No entanto, você já parou para se perguntar *por que* nossa pele enruga à medida que envelhecemos? E o fato de que algumas pessoas têm mais rugas do que outras? É possível fazer algo a respeito? Felizmente, a resposta é sim. Há várias abordagens que podem ser adotadas para ajudar a combater o aparecimento de rugas na pele.

O motivo básico subjacente ao fato de nossa pele enrugar com a idade é o "ressecamento". À medida que envelhecemos, nosso corpo perde umidade aos poucos, e o resultado é que "encolhemos" um pouco. Esse processo de ressecamento pode ser acelerado por fatores ambientais, como a exposição prolongada ao sol e o tabagismo. Felizmente, porém, ele também pode ser um pouco retardado pela ampla variedade de cosméticos tópicos que fornecem lubrificantes e hidratantes de volta à superfície da pele.

Uma abordagem diferente para evitar esses efeitos do envelhecimento é hidratar a pele fornecendo nutrientes de dentro para fora – com nutrição balanceada e suplementos dietéticos. À medida que envelhecemos, a camada mais profunda da pele, a derme, fica mais fina (ver a Figura 2.3). A degradação progressiva do colágeno e da elastina (que pode ser acelerada pela oxidação, inflamação, glicação e estresse) resulta na perda de resistência da pele e na redução da capacidade de manter níveis adequados de fluido lubrificante. O suporte dietético adequado pode ajudar a reduzir a destruição do colágeno e promover a síntese de fibras de colágeno mais fortes.

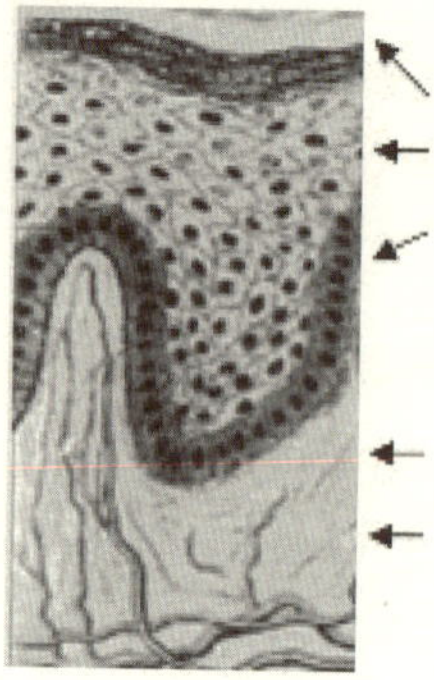

Figura 2.3: A estrutura da pele

Epiderme – a camada externa da pele. Essa é a camada de pele que vemos e que fornece proteção contra o ambiente, mas a epiderme obtém sua nutrição da derme subjacente.

Derme – a camada mais profunda da pele. A degradação acelerada das proteínas de colágeno e elastina faz com que a derme se torne mais fina à medida que envelhecemos, levando a uma pele mais seca e enrugada, que tem menos capacidade de se reparar.

Com a idade, várias mudanças perceptíveis nas estruturas de colágeno tornam-se aparentes. As fibras de colágeno perdem sua elasticidade, e, por isso, podemos ficar "caídos" em áreas do corpo que costumavam ser firmes. O colágeno da pele começa a perder a capacidade de reter água, o que faz com que a pele fique seca e comece a enrugar. As células queratinizadas destinadas a se tornarem fios de cabelo se tornam menos numerosas e perdem a capacidade de produzir pigmento, de modo que o cabelo fica grisalho ou se solta (ou seja, cai). Com a idade, as células da cartilagem perdem a capacidade de produzir novo colágeno, o que faz com que percamos a espessura da cartilagem e as articulações comecem a doer. Os ossos ficam mais fracos com o passar do tempo, pois a taxa de degradação de colágeno e minerais excede nossa capacidade de substituir as perdas por tecido saudável.

Como resultado de todas essas pequenas alterações nas estruturas que contêm colágeno, começamos lentamente a perder flexibilidade e mobilidade. O resultado – que geralmente passa despercebido até que seja tarde demais – é que não conseguimos nos movimentar tão bem como quando éramos mais jovens (quando nossa capacidade de manter as estruturas de colágeno era melhor).

Novamente, se pudéssemos equilibrar o processo de renovação do colágeno – ou, melhor ainda, inclinar a balança ligeiramente a nosso favor –, poderíamos equilibrar a destruição e o reparo de nossos tecidos conjuntivos vitais e prevenir (ou retardar) algumas das condições que normalmente associamos ao envelhecimento.

UMA PALAVRA FINAL

Agora você sabe um pouco sobre o que é o colágeno e o importante papel que ele desempenha na manutenção da integridade estrutural do corpo. Você também aprendeu a respeito do conceito geral de aproveitar o mecanismo metabólico do próprio corpo para apoiar o processo de reparo e renovação do colágeno.

Para refrescar sua memória sobre alguns pontos-chave:

- O colágeno é a principal proteína estrutural do corpo.
- As proteínas estruturais são necessárias para proporcionar organização e força aos tecidos conjuntivos, como cartilagem, ossos, dentes, músculos, tendões, ligamentos, pele, cabelos e unhas.
- O colágeno passa por um processo contínuo de síntese, degradação e reparo, conhecido como "renovação".
- A renovação do colágeno é a maneira de o corpo remover o tecido mais velho, mais fraco e danificado e substituí-lo por um tecido mais novo, mais forte e mais saudável.
- O desequilíbrio entre a degradação e a síntese (renovação) do colágeno é a principal causa das rugas e dos problemas de cicatrização da pele.
- A renovação do colágeno pode ser gerenciada por meio do controle da oxidação, inflamação, glicação e estresse, conforme demonstrado no programa FACE.

CAPÍTULO 3

REVERTENDO O PROCESSO DE ENVELHECIMENTO COM O PROGRAMA FACE

Qualquer pessoa que mantenha a capacidade de ver a beleza nunca envelhece.

— Franz Kafka
escritor, 1883-1924

Uma das definições populares de envelhecimento é "o processo de mudança com o tempo, especialmente durante a última parte da vida". É bem verdade. Mas o que a maioria de nós entende como "envelhecimento", na verdade, tem mais a ver com pele enrugada, cabelo ralo, cintura mais larga, diminuição do desejo sexual e redução dos níveis de energia.

Este capítulo analisa algumas das causas do envelhecimento e os fatores metabólicos que contribuem para o processo de envelhecimento. Consideraremos o controle de danos, os fatores do estilo de vida e como ajudar a sua pele a resistir ao tempo de forma graciosa com o uso de exercícios, nutrientes e suplementos (mais sobre esses tópicos também aparecerão mais adiante no livro). É importante que todos nós entendamos esses fatores para nos ajudar a planejar nosso ataque contra o processo de envelhecimento – e para nos sentirmos melhores do que nunca.

OS FATORES METABÓLICOS POR TRÁS DO ENVELHECIMENTO

Conforme mencionado anteriormente no livro, há quatro fatores metabólicos principais que contribuem para o que a maioria de nós entende como "envelhecimento", cada um correspondendo a uma letra do acrônimo FACE. Cada um desses processos metabólicos pode levar ao envelhecimento acelerado quando *desequilibrado* (em um controle negativo), mas também pode levar a um efeito "antienvelhecimento" evidente quando *equilibrado* ou apenas *temporariamente desequilibrado* (em um controle positivo). Além disso, cada um desses quatro aspectos do metabolismo está intimamente interligado e é interdependente dos demais. Essa situação pode ser boa se você conseguir controlar todos os quatro simultaneamente, mas também pode ser muito frustrante se você controlar uma área enquanto outra continua a causar problemas.

Por exemplo, os cientistas sabem há décadas que as moléculas de oxigênio altamente reativas, chamadas de radicais livres, são a principal fonte de envelhecimento porque causam danos (oxidação) às estruturas celulares, como membranas, mitocôndrias e DNA, levando à disfunção celular. A abordagem antienvelhecimento mais viável parece ser o controle do metabolismo dos radicais livres. E é – até certo ponto. Infelizmente, outro processo metabólico, a inflamação (causada por eicosanoides), também pode acelerar o dano celular e o envelhecimento. Pior ainda, a oxidação pode levar à inflamação, e vice-versa. O que aumenta a confusão é o recente entendimento científico de que o controle inflamatório está intimamente ligado aos níveis de glicose no sangue, o que significa que as flutuações do açúcar no sangue (para cima ou para baixo) podem levar a flutuações no equilíbrio inflamatório e, portanto, na carga de radicais livres. Níveis mais altos de glicose no sangue levam à glicação de proteínas (ligação de moléculas de açúcar à proteína), incluindo as proteínas colágeno, queratina e elastina, que fazem parte da pele. As moléculas glicadas tendem a ser disfuncionais; as moléculas de colágeno glicado têm força reduzida e se quebram mais rapidamente, enquanto as fibras de elastina glicadas perdem muito de sua elasticidade. Como resultado, a pele fica flácida e enrugada e perde a elasticidade. E se tudo isso não fosse ruim o suficiente, também sabemos que o estresse e seu principal hormônio, o cortisol, podem levar a níveis mais altos de açúcar no sangue (aumentando assim a glicação) e níveis mais altos de inflamação (desencadeando desse modo uma reação em cadeia entre eicosanoides e radicais livres). Tudo isso leva a níveis mais altos de danos oxidativos às células em todo o corpo, inclusive na pele.

CONTROLE DOS DANOS COM O PROGRAMA FACE

Parece muito sério, não é? Mas há uma saída – e, a esta altura, você provavelmente tem mais do que um vislumbre de qual seja. Trata-se do programa FACE, que pode ser usado com excelentes resultados para modular cada um desses fatores metabólicos a fim de tratar completamente o processo geral de envelhecimento. A seguir, apresentamos uma discussão sobre os tipos de danos que esses fatores podem causar, associada a uma breve menção às soluções FACE (você encontrará descrições dessas recomendações com muito mais detalhes nos capítulos seguintes).

F = Radicais livres

O dano: os radicais livres levam à oxidação (dano) das membranas celulares e do DNA. As células oxidadas não têm um desempenho ideal e podem levar a doenças e disfunções em todos os tecidos, inclusive na pele. Os radicais livres estão diretamente associados a rugas e a níveis elevados de inflamação (eicosanoides; veja a seguir), o que leva a mais danos aos tecidos.

O controle: os radicais livres podem ser controlados por antioxidantes, como vitamina C, vitamina E, ácido alfa-lipoico, flavonoides (como os da semente de uva, chá verde, frutas cítricas e outros) e carotenoides (como betacaroteno, licopeno, luteína e outros). Os antioxidantes podem ser encontrados em frutas e vegetais de cores vivas, bem como em suplementos dietéticos.

A = Produtos finais de glicação avançada relacionados à idade (PFGA)

O dano: os PFGA são o resultado da exposição das proteínas a níveis elevados de açúcar no sangue. As proteínas glicadas têm sua função prejudicada e são decompostas mais rapidamente, levando ao enfraquecimento da força do tecido. No caso da pele, isso significa atraso na cicatrização de feridas, perda de elasticidade, desidratação/secura e perda geral de maciez. O nível elevado de açúcar no sangue também leva diretamente ao aumento da carga inflamatória (mais eicosanoides; veja adiante) e ao aumento dos danos causados pelos radicais livres.

O controle: os PFGA podem ser controlados pela ingestão de menos alimentos processados e mais alimentos integrais (para manter a glicemia normal), bem como pelo uso de determinados suplementos para controle da glicose, como o ácido alfa-lipoico (também um antioxidante), folha de banaba, *Gymnem*a, feno-grego e outros.

C = Cortisol

O dano: o cortisol é o principal hormônio do estresse. A superexposição ao cortisol leva direta e rapidamente à elevação do açúcar no sangue (aumentando a glicação), bem como ao aumento dos níveis de radicais livres e eicosanoides. Dos quatro fatores metabólicos abordados pelo FACE, o controle do cortisol pode ser considerado o "primeiro da fila", pois influencia fortemente o controle dos outros três e serve como um sinal no corpo para a rápida quebra do colágeno (a principal proteína estrutural da pele). O cortisol também é uma das principais causas da vermelhidão da pele, da rosácea e da superprodução de óleo (que leva à acne), portanto o controle eficaz do cortisol traz benefícios para a pele que vão além da simples desaceleração do processo de envelhecimento.

O controle: dito isso, um regime de saúde da pele realmente abrangente se baseará no controle do cortisol, modulando de forma simultânea as três áreas restantes do metabolismo. O cortisol pode ser controlado por meio de exercícios, ioga, controle do estresse, equilíbrio da ingestão de proteína/gordura/carboidratos e por uma variedade de suplementos antiestresse, incluindo teanina, casca de magnólia, beta-sitosterol, fosfatidilserina, ácidos graxos ômega-3 (também anti-inflamatórios), *Cordyceps*, ginseng, *ashwagandha*, *Rhodiola* e outros.

E = Eicosanoides

O dano: às vezes chamados de citocinas, os eicosanoides são compostos semelhantes a hormônios produzidos pelas células para se comunicarem umas com as outras. O sistema imunológico é a principal fonte de eicosanoides, com formas inflamatórias e anti-inflamatórias existentes no corpo o tempo todo. O problema com os eicosanoides não é que eles sejam "ruins", mas, sim, que o excesso do tipo inflamatório e a escassez do tipo anti-inflamatório levam diretamente ao dano tecidual, bem como a níveis mais altos de radicais livres (e à destruição que eles causam) e à superexposição ao cortisol (que leva à glicação e ao dano tecidual resultante).

O controle: os eicosanoides podem ser controlados limitando-se a ingestão de ácidos graxos inflamatórios (como os ácidos graxos ômega-6, encontrados na maioria dos óleos vegetais) e aumentando a ingestão de ácidos graxos anti-inflamatórios (como os ácidos graxos ômega-3, encontrados em peixes gordos e suplementos de óleo de peixe). Os ácidos graxos ômega-3 também podem ajudar a controlar os níveis de cortisol.

As inter-relações entre cada uma dessas áreas do metabolismo significam que afetar uma área em um controle positivo geralmente tem um efeito positivo nas outras três áreas. *Melhor ainda, entretanto, é empregar estratégias simples para equilibrar todas as quatro áreas simultaneamente.* Por exemplo, o desenvolvimento (ou prevenção) de rugas está fortemente ligado a desequilíbrios em todas as quatro áreas.

1. **Radicais livres** (microdanos à pele)
2. **PFGA** (perda da função da elastina)
3. **Cortisol** (quebra acelerada do colágeno)
4. **Eicosanoides** (dano inflamatório e promoção de radicais livres)

Portanto, o programa FACE completo pode fazer maravilhas aqui.

UMA BREVE NOTA SOBRE O ROSTO E CONDIÇÕES ESPECÍFICAS DA PELE

Diferentes condições de pele tendem a ser mais afetadas por determinadas áreas que precisam de controle. Embora a acne, por exemplo, tenha uma associação teórica e bioquímica com radicais livres e PFGA, ela está ligada de forma mais evidente ao cortisol (produção excessiva de óleo) e aos eicosanoides (inflamação). Tanto a pele seca quanto a oleosa estão intimamente ligadas ao cortisol (degradação acelerada de colágeno no caso da pele seca e superprodução de óleo no caso da pele oleosa), mas as diferenças individuais no equilíbrio dos radicais livres e na exposição aos PFGA farão a balança pender para um tipo de pele mais seca ou mais oleosa de uma pessoa para outra. A vermelhidão e o tom irregular da pele certamente podem ser influenciados pelo estresse e pelos níveis de cortisol, mas os principais fatores aqui são os radicais livres (microdanos à pele) e os eicosanoides (inflamação). A pele que se recupera lentamente também se beneficiaria do programa FACE completo, mas sobretudo da modulação do cortisol (degradação acelerada do colágeno, resposta imunológica suprimida) e dos PFGA (má circulação).

FATORES DE ESTILO DE VIDA QUE CONTRIBUEM PARA O PROCESSO DE ENVELHECIMENTO

Assim como outros sistemas corporais, a saúde da pele é afetada por nossas escolhas de estilo de vida. Por exemplo, um estudo recente que investigou o impacto do estresse na cicatrização de feridas em homens saudáveis não fumantes descobriu que, à medida que o estresse aumentava, também aumentava o tempo necessário para a cicatrização das feridas na pele. Os pesquisadores determinaram que os níveis elevados de cortisol eram os mais prováveis culpados.

O tabagismo é perigoso para sua saúde de várias maneiras, incluindo danos à pele. Um único cigarro contém mais de cem trilhões de radicais livres, portanto cada tragada fornece uma dose potente de oxidação destruidora de células à sua pele delicada. Um estudo de revisão conduzido por pesquisadores alemães relatou os seguintes efeitos prejudiciais do tabagismo sobre a saúde da pele: (1) enfraquecimento da produção de colágeno, o que resulta em cicatrização prejudicada de feridas e envelhecimento prematuro da pele; (2) resposta inflamatória exacerbada, que desempenha um papel em muitas doenças de pele, como psoríase, dermatite atópica e acne; e (3) supressão do sistema imunológico, que pode contribuir para o melanoma maligno e tumores epiteliais da pele.

De acordo com especialistas da Cleveland Clinic, a exposição ao sol é a causa da maioria das alterações na pele que consideramos aspectos normais do envelhecimento, como perda de elasticidade, pigmentação manchada, tumores benignos e rugas finas e grossas. Mas é a conexão entre a exposição ao sol e o câncer de pele que é o maior motivo de preocupação. A radiação ultravioleta do sol é a causa número um de vários tipos de câncer de pele, incluindo carcinomas basocelulares e espinocelulares (ou de células escamosas), bem como a forma mais mortal, chamada melanoma. Os especialistas da Cleveland Clinic afirmam que a exposição cumulativa ao sol (e o ciclo de oxidação/inflamação resultante) é a principal responsável pelo câncer de pele basocelular e espinocelular, enquanto queimaduras solares graves na juventude podem causar melanoma mais tarde na vida.

As pesquisas continuam a revelar mais informações, mas os cientistas já descobriram muitos fatores que contribuem para o processo de envelhecimento. Por exemplo, as células da pele se dividem mais lentamente com o avanço da idade, e a camada dérmica interna se torna mais fina. Essa rede mais fina de elastina e colágeno é menos capaz de sustentar a epiderme externa, e a pele começa a formar linhas e a ceder. As glândulas secretoras de óleo são menos eficientes e a pele retém menos umidade com a idade, contribuindo para a formação de rugas.

Felizmente, muita coisa pode ser feita para evitar esses desafios. Sua pele se regenera aproximadamente a cada 27 dias, o que significa que a cada mês você tem uma nova oportunidade de dar brilho e vitalidade a esse órgão crucial. Beber bastante água, fazer uma limpeza e hidratação completas, usar consistentemente um protetor solar de espectro total (que bloqueie os raios UVA e UVB) e adotar uma alimentação saudável, exercícios regulares, alguns suplementos importantes e um estilo de vida saudável são fatores que contribuem para o bem-estar total da pele. Algumas evidências sugerem até mesmo que a massagem pode contribuir para um brilho saudável.

NUTRIENTES DE APOIO
Ajudando o colágeno

Faz muito pouco sentido alguém falar sobre nutrição ou suplementação dietética sem colocá-la no contexto de como ela pode ajudar o corpo inteiro. Posso dizer que o cálcio é bom para os ossos, mas sem considerar a ingestão de outros nutrientes, como vitamina D, magnésio, fósforo, proteína e sódio, uma recomendação para "obter mais cálcio" é pouco mais do que um tiro no escuro. O mesmo se aplica aos suplementos dietéticos destinados a apoiar o metabolismo da pele.

O processo pelo qual os aminoácidos são usados pelo corpo para produzir fibras de colágeno saudáveis é complicado. Ao longo do caminho, várias enzimas especializadas e cofatores ativos devem estar presentes nas quantidades certas e nos momentos certos para que todo o processo funcione de forma ideal. Entre esses cofatores ativos estão as vitaminas C, D, E e do complexo B, bem como os minerais cobre, zinco, manganês e silício, que são componentes vitais do mecanismo de produção de colágeno. Além disso, há uma grande variedade de fatores não nutritivos, como bromelaína, *Boswellia*, chá verde, semente de uva e *gotu kola*, que podem melhorar o processo de manutenção do tecido conjuntivo, reduzindo a inflamação e melhorando a circulação.

Nos próximos capítulos, você aprenderá sobre os ingredientes mais eficazes para manter a pele saudável por dentro. Por enquanto, vamos dar uma breve olhada em algumas das maneiras fundamentais pelas quais os hábitos nutricionais afetam a saúde do colágeno.

Controle da glicação

Atualmente, os cientistas sabem que a microinflamação (inflamação em uma escala pequena demais para ser vista) na pele pode ser causada pela exposição excessiva aos radicais livres e à glicação, cada um dos quais leva à sua própria forma de envelhecimento acelerado. Alguns dos principais infratores nesse ciclo são os alimentos com alto teor de açúcar, como doces, sorvetes, rosquinhas, biscoitos e cereais matinais açucarados, bem como outros alimentos com alto índice glicêmico, por exemplo, grãos processados, como os encontrados no pão branco ou arroz instantâneo (um alimento com alto índice glicêmico é aquele que se converte rapidamente em açúcar ou glicose na corrente sanguínea). O açúcar pode ser tóxico para a pele quando se liga permanentemente às fibras de colágeno por meio do processo de glicação. Onde quer que o açúcar se fixe, ele aciona um mecanismo bioquímico que gera inflamação. A inflamação, por sua vez, produz enzimas que quebram o colágeno, resultando em rugas. Para piorar a situação, a glicação também leva à ligação cruzada das fibras de colágeno, transformando a pele de macia e flexível em rígida e quebradiça. Essas ligações rígidas entre açúcar e proteína também se formam em outros tecidos, como veias, artérias, tendões e ligamentos – razão pela qual alguns cientistas estão encontrando ligações entre a glicação e doenças cardiovasculares ou artrite.

Além do arco-íris

Em resumo, os alimentos com alto índice glicêmico, alto teor de açúcar e altamente processados inundam o corpo com açúcar (glicose), o que causa estragos no colágeno da pele. Portanto, isso é o que *não* se deve comer. Mas quais alimentos podem *promover* a saúde da pele?

Comece procurando o arco-íris – ou seja, alimentos com cores vivas. Os pigmentos das plantas não apenas deixam os alimentos bonitos, mas também os tornam potencialmente nutritivos. Além de serem ótimas fontes de vitaminas A e C – nutrientes necessários para a manutenção e o reparo da pele –, os alimentos coloridos também contêm fitonutrientes (*phyto* significa "planta"), que contêm vários antioxidantes que previnem doenças, são anti-inflamatórios e antienvelhecimento.

Os antioxidantes que combatem os radicais livres encontrados nos alimentos coloridos proporcionam amplos benefícios à saúde da pele, como a redução da inflamação ao neutralizar os radicais livres produzidos durante o processo inflamatório. E alguns exercem outros efeitos, como o fortalecimento do sistema vascular, o bloqueio dos danos causados pelo sol e a prevenção direta da glicação. Um grupo especial desses antioxidantes, denominado flavonoides, exerce fortes efeitos anti-inflamatórios ao inibir determinadas enzimas ciclo-oxigenase (COX). As enzimas COX-1 são as boas, agindo para proteger o estômago e o revestimento intestinal. As enzimas COX-2, por outro lado, são as que causam dor e inflamação. Os anti-inflamatórios não esteroides (AINE), como a aspirina e o ibuprofeno, bloqueiam os dois grupos de enzimas COX, razão pela qual são eficazes na redução da dor e da inflamação, mas têm o possível efeito colateral de erosão estomacal e intestinal. Entretanto, os flavonoides, como os encontrados no gengibre, no extrato de semente de uva, na cúrcuma e em outras ervas e especiarias, são capazes de bloquear principalmente as enzimas inflamatórias COX-2, reduzindo assim a inflamação sem os efeitos colaterais tóxicos.

Quanto mais rica for a cor de um alimento, melhor: a cor profunda indica uma concentração maior desses antioxidantes. Como cores diferentes representam nutrientes antioxidantes diferentes, escolha o maior número possível de alimentos de cores diferentes, incluindo frutas (maçãs, mirtilos, amoras, morangos, framboesas, laranjas, mangas, kiwis, tomates), legumes (espinafre, pimentão verde, berinjela, pimentão vermelho, abóbora, abobrinha, milho, inhame, cebola) e nozes, sementes e legumes de cor marrom. Uma boa regra geral é incluir alimentos multicoloridos em todas as refeições e lanches – pelo menos uma porção, ou cerca de meia xícara.

Gorduras boas

Nos últimos anos, a mídia tem dado bastante atenção à distinção entre as gorduras ruins e as boas. A regra já consagrada de reduzir as gorduras ruins, como as gorduras saturadas (por exemplo, as contidas nos laticínios integrais e nas carnes vermelhas e de aves gordurosas) e as gorduras trans (óleos hidrogenados e parcialmente hidrogenados), também se aplica à saúde da pele, desde que você também inclua as boas: os ácidos graxos essenciais (AGE). Pesquisas demonstraram que os AGE – em especial os ácidos graxos ômega-3 – proporcionam benefícios curativos em várias doenças inflamatórias, como artrite reumatoide e eczema cutâneo, e que eles podem exercer seus efeitos anti-inflamatórios bloqueando as enzimas COX-2. Os ômega-3 também são controladores eficazes da superexposição ao cortisol e, como tal, podem ajudar a manter a pele flexível e proteger contra a formação de rugas.

Os ácidos graxos são os elementos fundamentais de todas as gorduras, mas os denominados "essenciais" são assim chamados porque, assim como os aminoácidos essenciais, as vitaminas e os minerais, seu corpo não pode produzi-los. Você precisa obter essas gorduras benéficas à saúde de fontes externas. O americano médio obtém bastante de um tipo de AGE – gorduras ômega-6 (ácido linoleico). Reduzir a ingestão de óleos vegetais ricos em ácido linolênico, como óleo de cártamo, óleo de girassol e óleo de milho, é uma forma de reduzir a ingestão de gorduras ômega-6 pró-inflamatórias. No entanto, nossas dietas geralmente carecem de gorduras ômega-3 (ácido linolênico), como o ácido eicosapentaenoico (EPA) e o ácido docosa-hexaenoico (DHA). Boas fontes alimentares de ômega-3 incluem peixes gordurosos, como salmão, atum, cavala, arenque e sardinha, além de linhaça moída, óleo de linhaça, óleo de canola e nozes. Alguns especialistas em saúde da pele sugerem incluir uma fonte de AGE em todas as refeições, enquanto outros pesquisadores dizem que várias vezes por semana é suficiente. O peixe e o óleo de linhaça também estão disponíveis em forma de suplemento na maioria das lojas de produtos naturais.

Não se esqueça da H_2O

A quantidade de água necessária para hidratar adequadamente a pele e transportar os nutrientes para dentro e as toxinas para fora varia de acordo com vários fatores, inclusive as condições ambientais e o seu nível de atividade (ambos afetam a quantidade de líquido que você perde com o suor). No entanto, os especialistas geralmente sugerem uma ingestão que lembra o velho padrão: oito a dez copos por dia (um "copo" consiste em 240 mililitros, ou seja, uma xícara, ou cerca de oito goles de bom tamanho). Qualquer água boa e limpa funciona, mas a National Academy of Sciences afirma que a água dura – o tipo rico em minerais – pode ser ainda melhor para a saúde, em virtude do nível mais alto de nutrientes, como cálcio e magnésio, que ela contém.

EXERCITE SUA PELE

Quando o assunto é exercício, você provavelmente pensa em perda de peso, músculos tonificados, ossos fortes e um coração saudável, mas talvez não pense em como o exercício beneficia sua pele. No entanto, especialistas afirmam que a prática regular de exercícios pode influenciar a saúde da pele de várias maneiras. Por exemplo, é bem sabido que o exercício melhora a circulação e, associado a uma melhor circulação, há um melhor fornecimento de nutrientes às células da pele, bem como uma remoção mais eficiente de toxinas. Além disso, muitas evidências dizem que os exercícios reduzem o estresse, o que, por sua vez, acalma as glândulas suprarrenais. Glândulas suprarrenais mais calmas significam uma produção menor de hormônios relacionados à testosterona, como a desidroepiandrosterona (DHEA) e a di-hidrotestosterona (DHT), que geralmente estão implicadas nos surtos de acne. Portanto, exercícios especificamente voltados para a redução do estresse mente-corpo, como ioga, tai chi e *qi gong*, podem ter um efeito particularmente benéfico sobre a pele propensa à acne. Outra consideração: esses mesmos tipos de exercícios que reduzem o estresse promovem o relaxamento de todo o corpo, incluindo o relaxamento dos músculos do rosto, o que, segundo alguns especialistas, suaviza as linhas de expressão.

Mas praticamente qualquer tipo de exercício pode ser benéfico para sua pele se você considerar que o suor melhora a saúde da pele. A ideia é que o suor abre e desobstrui os poros, o que tem um efeito positivo sobre as erupções cutâneas. Portanto, qualquer coisa que estimule a transpiração pode ajudar a eliminar a acne.

Assim como o exercício faz os músculos e os ossos voltarem no tempo, ele também pode proporcionar efeitos antienvelhecimento para sua pele. Com o avanço da idade, não apenas nosso corpo tem menos fibroblastos (as células produtoras de colágeno da pele), como também os que temos não são tão ambiciosos quanto antes. Como resultado, a pele fica flácida e com rugas. Mas incremente sua rotina de cuidados com a pele com exercícios, e a circulação aprimorada resultante levará mais oxigênio e outros nutrientes para as células, criando assim um ambiente ideal para a produção acelerada de colágeno. O aumento da circulação ajudará a fornecer nutrientes vitais por meio do sangue para a derme e, por fim, para a epiderme superficial, a camada da pele que pode ser vista. O programa de exercícios fácil de seguir, descrito no Apêndice B, mostra como usar a atividade física para aumentar a circulação sistêmica.

Mais uma coisa: lembra-se da discussão anterior sobre a conexão entre o açúcar, a glicação e o envelhecimento da pele? Como a prática de exercícios estabiliza o açúcar no sangue, isso poderia, em teoria, reduzir o potencial dos efeitos inflamatórios do envelhecimento causados pela glicação.

UMA PALAVRA FINAL

Há uma grande quantidade de informações científicas e médicas sobre os detalhes subjacentes a cada um dos processos metabólicos que discuto neste livro – informações demais para serem resumidas aqui. Para os leitores interessados, convido-os a explorar mais detalhadamente essas complexidades em meu site Cortisol Connection (www.cortisolconnection.com) e também o papel de controle/modulação desempenhado por nutrientes específicos em meu site Supplement Watch (www.supplementwatch.com). Ambos os sites são atualizados rotineiramente – muito mais rápido do que o que pode ser feito com a mídia impressa. Ao visitar esses sites, você pode obter uma compreensão maior do papel que cada área desempenha na saúde da pele e como você pode aproveitá-las para criar sua própria fonte da juventude.

CAPÍTULO 4

AJUDA DE DENTRO PARA FORA PARA RUGAS, ACNE E PELE “PROBLEMÁTICA”

A beleza é como você se sente por dentro, e isso se reflete em seus olhos. Não é algo físico.

— Sophia Loren
atriz italiana

Um popular livro antirrugas identifica os radicais livres como "a causa" das rugas e os cremes antioxidantes como "a cura" para as rugas. Outro livro de "lifting facial" identifica a inflamação como "a causa" do envelhecimento prematuro e uma dieta diária de salmão como "a cura" para o envelhecimento da pele (no programa de duas semanas, você comeria peixe 31 vezes em catorze dias). Outro livro antiacne argumenta que tudo o que você precisa fazer para prevenir e tratar espinhas é comprar a linha cara de cremes e loções do autor.

No entanto, o que cada um desses livros populares deixa de lado é a natureza complexa do nosso mecanismo metabólico. A esta altura, você já deve estar ciente de que os "problemas" de pele, como rugas, acne, vermelhidão, rosácea e outros, são causados por uma série de eventos muito mais complexa do que os "vilões" isolados citados em muitos livros populares. Como você já sabe, é a interação entre pelo menos quatro áreas do metabolismo (e talvez mais áreas que ainda não compreendemos totalmente) que predispõe todos nós a termos certos tipos de problemas de pele agora e outros tipos daqui a alguns meses.

Se você observar a Figura 4.1, perceberá rapidamente que a exposição ao cortisol (C) leva ao aumento dos radicais livres (F), da glicação avançada (A) e dos eicosanoides (E). Da mesma forma, um aumento nos radicais livres (F) leva, por sua vez, a um aumento nos eicosanoides (E), e vice-versa. Essa interação de ida e volta continua inabalável se você se concentrar no controle de uma única área (como os radicais livres) sem considerar também as outras áreas (como o cortisol).

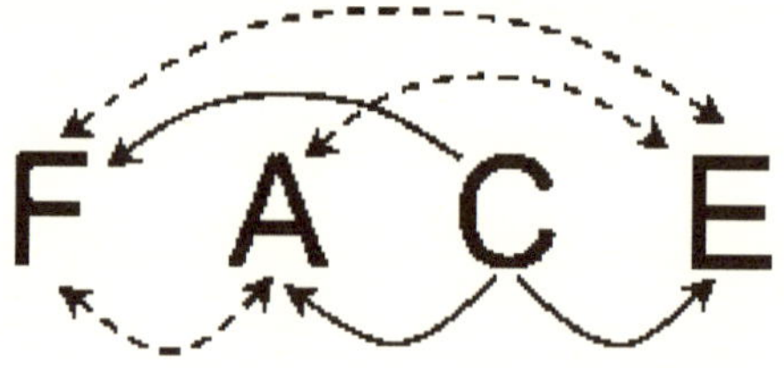

Figura 4.1: A complexa interação entre os fatores metabólicos que contribuem para o envelhecimento da pele (linhas sólidas representam influências unidirecionais; linhas pontilhadas representam interações bidirecionais)

Felizmente, uma abordagem coordenada para controlar todas essas quatro vias metabólicas não é difícil. Ao seguir a abordagem Helping Hand para alimentação (conforme descrito no Capítulo 5) e incorporar algumas das receitas do Apêndice A em sua dieta, você pode fazer muito para reequilibrar cada uma dessas vias.

RUGAS

Sabemos que o desenvolvimento de rugas está relacionado a *cada um* dos quatro aspectos do metabolismo abordados pelo FACE, bem como a uma perda gradual de água (desidratação) da pele. Como as fibras de colágeno e elastina da pele saudável são danificadas pela exposição excessiva a radicais livres, glicação avançada, cortisol e eicosanoides, elas perdem a capacidade de se regenerar, causando o enrugamento da pele.

A "solução", portanto, para reverter as rugas existentes e evitar o desenvolvimento de outras torna-se uma batalha para controlar esses aspectos do metabolismo. Siga as recomendações dietéticas descritas na Parte 2 do livro. Além disso, praticamente qualquer regime de exercícios ou atividade de que você goste ajudará a aumentar a circulação sanguínea na pele, o que melhorará o fornecimento de nutrientes e a remoção de resíduos.

ACNE

A doença de pele chamada "acne" se deve a um distúrbio das glândulas sebáceas, que resulta em poros obstruídos e surtos de lesões comumente conhecidas como espinhas. A acne é a doença de pele mais comum nos EUA, afetando entre 17 milhões e 45 milhões de pessoas, homens e mulheres. A acne é mais comum na adolescência e, embora geralmente desapareça por volta dos 30 anos, em seu estado grave pode causar dor e cicatrizes permanentes, tanto físicas quanto emocionais. Às vezes, a acne ocorre, ou reaparece, em mulheres até a meia-idade.

Acredita-se que a acne possa ser causada ou agravada por fatores como histórico familiar de acne; produtos cosméticos ou capilares gordurosos/oleosos que contenham gorduras vegetais ou animais; alterações hormonais associadas à adolescência, gravidez, menstruação ou pré-menopausa; determinados medicamentos; irritantes ambientais, como óleos industriais de corte, alcatrão, conservantes de madeira, compostos de vedação e outros poluentes; altos níveis de umidade; protetores solares oleosos; e, não surpreendentemente, estresse.

Sabemos que a acne é causada por um processo passo a passo, começando com poros obstruídos, produção excessiva de óleo e crescimento bacteriano que leva à inflamação. *A obstrução dos poros não é (como se acredita) causada por uma pele "suja", mas, sim, pelo crescimento excessivo de queratina, a proteína dura derivada do colágeno que forma a camada mais externa da pele.* Quando o poro fica obstruído, o cenário está pronto para uma produção excessiva de óleo induzida pelo cortisol/estresse. Tenho certeza de que você já notou que tem mais espinhas quando está sob estresse. A causa dessas espinhas extras é o cortisol, que estimula o aumento da produção de óleo na pele. Em seguida, as bactérias que ocorrem naturalmente em sua pele ficam presas nesse excesso de óleo, onde quebram as moléculas do óleo, levando a uma resposta inflamatória (e à dor e à vermelhidão associadas a uma espinha).

Se dividirmos esse processo em suas causas bioquímicas fundamentais, veremos que cada um dos desequilíbrios na cadeia de eventos que levam a uma espinha pode ser maravilhosamente modificado pelo FACE. Desde o metabolismo interrompido da queratina/colágeno até a exposição ao cortisol e a superprodução de óleo, passando pela inflamação – todos são fundamentais para o programa FACE.

ROSÁCEA, ECZEMA, DERMATITE E OUTRAS CONDIÇÕES

Estudos sugerem que cerca de cinquenta milhões de americanos são afetados por uma ou mais dessas doenças de pele muito comuns. É interessante observar que cada uma delas tem uma causa bioquímica básica relacionada à inflamação e ao estresse. Embora o "evento desencadeador" exato possa variar de pessoa para pessoa, o estresse e a inflamação são característicos da rosácea, do eczema e da dermatite. Dessa forma, os regimes que controlam esses aspectos do metabolismo podem fazer maravilhas para as manchas vermelhas e com coceira que geralmente aparecem sem aviso prévio.

O eczema, que é uma forma de dermatite, é um distúrbio inflamatório crônico da pele que, na maioria das vezes, resulta em bolhas que secam e se transformam em erupções cutâneas escamosas e com coceira. À medida que a umidade é perdida da camada superior da pele, ela se torna seca e coça, deixando a pele sem proteção e, portanto, proporcionando a penetração de bactérias e vírus. Às vezes os sintomas são graves (crises) e às vezes não há nenhum sintoma (remissão). O eczema não é contagioso. As pessoas com eczema geralmente têm um histórico pessoal ou familiar de doenças alérgicas, como asma ou febre do feno. A exposição a irritantes e alérgenos no ambiente pode piorar os sintomas – por exemplo, certos sabonetes, detergentes, perfumes e cosméticos; lã ou fibras sintéticas; certos metais, como o níquel; e fumaça de cigarro. O mesmo ocorre com o estresse, a pele seca, a exposição à água e as mudanças de temperatura. Embora não haja cura, há maneiras de reduzir os sintomas e ajudar a evitar surtos.

POR QUE O CONTROLE DO CORTISOL É TÃO IMPORTANTE?

Como você pode observar no diagrama FACE citado anteriormente, o estresse e a exposição ao cortisol podem desencadear níveis mais altos de inflamação (E = eicosanoides), oxidação (F = radicais livres) e glicação (A = produtos finais de glicação avançada, PFGA). Vários estudos sobre o cortisol e seus efeitos na pele mostraram que a superexposição ao cortisol (por estresse emocional ou privação de sono) pode:

- aumentar a produção de óleo na pele (levando à acne);
- aumentar o apetite por doces (levando à glicação, quebra do colágeno e rugas);
- interferir na função da insulina (aumentando os níveis de açúcar no sangue e a glicação);
- aumentar os eicosanoides e as citocinas relacionadas (levando à redução da cicatrização de feridas, regeneração mais lenta da pele e mais vermelhidão/coceira/inchaço);
- aumentar a carga de radicais livres (levando a microdanos na pele e perda de umidade e proteção de barreira).

É interessante notar que o "estresse" do exercício *não* acarreta uma lista semelhante de queixas de pele; em vez disso, ele pode realmente aliviar uma série de problemas de pele. Por exemplo, embora o exercício moderado leve a uma elevação temporária dos níveis de cortisol e da exposição aos radicais livres, os níveis de cortisol e de radicais livres do corpo durante o resto do dia são muito menores. Esse é um dos benefícios antiestresse significativos do exercício regular. Além disso, o exercício – ou qualquer tipo de atividade física regular – resulta em mudanças metabólicas positivas que são boas para a pele, incluindo as seguintes:

- aumento da circulação, fornecimento de nutrientes para a pele e remoção de resíduos da pele;
- aumento da sensibilidade à insulina (levando à redução do açúcar no sangue e da glicação);
- melhoria das defesas antioxidantes (ocasionando a redução dos danos oxidativos em todas as partes do corpo, inclusive na pele);
- redução da carga de eicosanoides (resultando em níveis mais baixos de inflamação sistêmica, o que é bom para o coração, o cérebro e a pele).

Em razão da ampla influência que o cortisol tem sobre outros aspectos importantes do metabolismo – em especial as vias metabólicas mais associadas ao "envelhecimento" –, como mencionado anteriormente, ele é chamado com frequência de "hormônio da morte". Esse apelido é apropriado porque o cortisol é um dos dois únicos hormônios que tendem a aumentar com a idade (o outro é a insulina; entretanto, grande parte do aumento da insulina pode ser controlada pela modulação dos níveis de cortisol). Esse aumento gradual da exposição ao cortisol à medida que envelhecemos tem sido associado ao colapso e à disfunção em todos os tecidos do corpo. Portanto, independentemente de estarmos falando de pele, músculo cardíaco ou neurônios cerebrais, faz sentido abordar o cortisol como uma espécie de "interruptor principal" no metabolismo do envelhecimento.

Isso não quer dizer que o cortisol seja a única via metabólica que precisa ser controlada para promover uma pele saudável. Em vez disso, o controle do cortisol é o ponto mais lógico para começar, usando um programa realmente abrangente que aborde de forma simultânea cada um dos outros aspectos do FACE (a oxidação, a glicação e a inflamação resultantes do descontrole).

UMA PALAVRA FINAL

Este capítulo explicou os principais aspectos do metabolismo subjacentes ao desenvolvimento de rugas, acne, rosácea e outros problemas de pele. Você aprenderá mais sobre essas condições – e o que fazer para ajudar a tratá-las – no Capítulo 11.

Agora vamos para a Parte 2 do livro, em que você receberá ferramentas específicas para lidar com sua própria pele. Nos Capítulos 5 a 9, você encontrará orientações específicas sobre dieta e suplementos nutricionais que são reconhecidamente eficazes no tratamento de cada uma das quatro vias metabólicas do FACE. No Capítulo 10, receberá um guia semanal passo a passo para iniciar e seguir o programa FACE, a fim de ajudá-lo a assumir o controle da sua pele e da sua saúde. E no Capítulo 11, você verá o que vários especialistas em cuidados com a pele sugerem sobre os cuidados com o órgão mais importante e sensível, sua pele.

2

PARTE 2

FERRAMENTAS PARA EMBELEZAR SUA PELE

CAPÍTULO 5

BOM GOSTO É IGUAL A BOA APARÊNCIA: COMO A NUTRIÇÃO PODE CONTRIBUIR PARA UMA PELE BONITA

Ao escrever o livro original desta série, *Nação cortisol* (2002, EUA; 2025, Brasil), e o livro seguinte, *The Cortisol Connection Diet: The Breakthrough Program to Control Stress and Lose Weight* (2004), e depois de conduzir dezenas de programas de controle de cortisol (a maioria voltada para a perda de peso) para centenas de participantes, algo despertou em mim e na minha equipe de pesquisa em uma espécie de momento coletivo de "revelação": percebemos que o regime de estilo de vida para o controle do cortisol é o mesmo que o regime para perda de peso e para a saúde da pele e para o funcionamento mental e para os níveis de energia... e assim por diante.

Sempre que analisamos uma condição crônica de saúde e investigamos suas bases metabólicas, encontramos a mesma disfunção e desequilíbrio entre os "suspeitos usuais": os aspectos do metabolismo relacionados principalmente ao cortisol, à oxidação, à inflamação e à glicação.

No início, ficamos perplexos – afinal, como um único regime (mesmo que multifacetado) poderia mudar o curso de uma variedade tão grande de doenças díspares em cada sistema de órgãos? O motivo, que acabaríamos percebendo, é que, ao controlar e reequilibrar essas vias metabólicas primárias, estávamos descobrindo a raiz de muitos processos de doenças modernas, que são meramente desequilíbrios metabólicos não controlados.

Essas constatações nos proporcionaram alguma satisfação (porque estávamos ajudando centenas de milhares de leitores a chegar à raiz de suas doenças crônicas), mas também nos deixaram com uma sensação de desconforto – principalmente de que poderíamos estar perdendo algo que possibilitaria ajudar ainda mais as pessoas – e é aí que entram os suplementos dietéticos e outros produtos naturais.

Embora os regimes gerais de dieta e exercícios que você encontrará neste livro sejam essencialmente os mesmos que os encontrados em *The Cortisol Connection Diet*, o regime de suplementos descrito aqui é especificamente designado para apoiar o metabolismo exclusivo da pele. Por exemplo, duas pessoas podem estar seguindo o mesmo regime de dieta/exercício para controlar o cortisol, a oxidação, a inflamação e a glicação, mas as diferenças em seus regimes de suplementos dietéticos fornecerão o ponto de inflexão para enfatizar os benefícios da perda de peso para uma pessoa e os efeitos antiacne para outra.

Alguns leitores podem considerar essa admissão como uma desculpa. Eles dirão: "Ei, essa é a mesma dieta para perda de peso sobre a qual eu já li". Enquanto outros, como as centenas de participantes satisfeitos que experimentaram nossas dietas, dirão: "Ótimo! Eu já sabia que essa dieta me ajuda a perder peso e a controlar meu apetite. Agora sei que ela pode me possibilitar ter uma aparência melhor, pensar melhor e me sentir melhor". O que poderia ser melhor do que isso?

Se você não está convencido de que uma única forma de alimentação pode oferecer tantos benefícios diferentes, convido-o a experimentar. Você não tem nada a perder, exceto sua flacidez, suas rugas, suas espinhas, sua depressão e seu cansaço.

A DIETA DA MÃO AMIGA (HELPING HAND)

A estratégia alimentar que os clientes de nossos programas de controle de cortisol e peso seguem não se trata de aderir a um regime rigoroso de planejamento de refeições, nem de restringir qualquer alimento ou categoria de alimentos. De fato, não se trata de uma "dieta". A maioria das pessoas que a experimentaram pode confirmar que muitas vezes comem *mais* alimentos ao seguir nossos conselhos – e ainda assim perdem peso. Chamamos a dieta de abordagem "Helping Hand", porque você usa o tamanho da sua mão como um dispositivo de controle de porções. Esse plano fácil de seguir ensina como equilibrar a ingestão de carboidratos, proteínas, gorduras e fibras de uma forma que considera tanto a *quantidade* de alimentos quanto, ainda mais importante, a *qualidade* desses alimentos.

Uma versão simplificada da dieta Helping Hand está descrita a seguir. Para obter uma descrição mais completa, consulte meu livro anterior *The Cortisol Connection Diet* (A dieta da conexão com o cortisol) ou o site Cortisol Connection (www.cortisolconnection.com).

Qualidade: o que comer

Etapa 1 – Considerar os carboidratos
Regra geral: os alimentos que são mais "integrais" (em seu estado natural, não processado) são melhores para o controle de longo prazo da oxidação, inflamação, glicação e cortisol. Os carboidratos, por si sós, não são "ruins", mas a forma de carboidrato que você escolhe consumir determinará a resposta metabólica do seu corpo e a probabilidade de armazenar esse alimento como gordura. Sempre que possível, escolha pães e cereais integrais e frutas e vegetais frescos em vez de seus equivalentes mais processados.

Etapa 2 – Fornecer proteína
Regra geral: qualquer forma de proteína magra pode ser usada para "reequilibrar" um carboidrato refinado. As proteínas e os carboidratos são o "yin e yang" da nutrição: eles precisam ser consumidos juntos para o equilíbrio adequado da dieta (que se desfaz quando um deles é excluído ou restringido de forma inadequada).

Etapa 3 – Finalizar com gordura

Regra geral: uma pequena quantidade de gordura adicionada em cada refeição é um "regulador metabólico". Um pouco de gordura adicionada – na forma de uma pequena porção de manteiga, um fio de azeite de oliva, uma fatia de queijo ou um punhado de nozes – ajuda a retardar o aumento do açúcar no sangue após as refeições, o que, por sua vez, ajuda a controlar o apetite e a aumentar a queima de gordura ao longo do dia.

Etapa 4 – Preencher com fibra

Regra geral: a escolha de formas "integrais" de grãos, frutas e vegetais (conforme recomendado na Etapa 1) irá satisfazer automaticamente suas necessidades de fibras. Assim como a gordura, a fibra ajuda a retardar a absorção de açúcar do trato digestivo para a corrente sanguínea. Dessa forma, a fibra também pode ser considerada um "regulador metabólico" para ajudar a equilibrar os níveis de açúcar no sangue em cada refeição ou lanche.

Quantidade: quanto comer

Use as seguintes representações gráficas para determinar o tamanho adequado das porções de cada grupo de alimentos:

Frutas e legumes:
uma porção = o tamanho de toda a sua mão aberta

Carboidratos concentrados (pães, batatas, massas, cereais etc.):
uma porção = o tamanho de sua mão bem fechada

Proteína magra:
uma porção = o tamanho da palma da sua mão

Gordura adicionada:
uma porção = o tamanho do espaço criado quando você faz um sinal de "ok"

Essa abordagem de alimentação considera tanto a qualidade quanto a quantidade de cada refeição e lanche – e a melhor parte é que ela *não requer* contagem de calorias, gramas de gordura ou gramas de carboidratos. Por quê? Porque o controle de calorias já está embutido com base no tamanho de suas mãos (o controle automático de porções da Mãe Natureza). Uma pessoa com mãos de tamanho médio consumirá cerca de 500 calorias em cada refeição preparada com a abordagem Helping Hand.

Dois aditivos alimentares a serem evitados

Não sou muito fã das dietas populares altamente restritivas que cortam quase todos os carboidratos ou a maior parte da gordura de sua dieta. Essas dietas têm taxas de sucesso ruins a longo prazo e são simplesmente ruins de seguir. Por esse motivo, não gosto de dizer às pessoas que existe um "alimento proibido" ou uma "lista de alimentos proibidos", mas abro uma exceção para dois aditivos alimentares por sua extrema toxicidade para o organismo e pela evidente perturbação metabólica que eles desencadeiam em todos os quatro fatores FACE. Esses ingredientes são o xarope de milho com alto teor de frutose e os óleos hidrogenados ou parcialmente hidrogenados.

Xarope de milho com alto teor de frutose

O xarope de milho com alto teor de frutose (HFCS, do inglês *high-fructose corn syrup*) é um adoçante feito de milho. Ele é mais rico em frutose (o principal açúcar encontrado nas frutas) do que o xarope de milho comum ou o açúcar de mesa, que é tecnicamente conhecido como sacarose. O setor alimentício gosta de usar o HFCS porque ele é mais barato e mais doce do que o açúcar comum, de modo que os fabricantes de alimentos podem usar quantidades menores e economizar dinheiro em comparação com o uso de açúcar puro para adoçar alimentos processados. No entanto, como a frutose é metabolizada de forma bastante diferente dos outros açúcares, o consumo excessivo pode resultar em algumas alterações muito drásticas no metabolismo energético – incluindo a interrupção do metabolismo do cortisol, a resistência à insulina (que leva à glicação avançada) e níveis mais altos de inflamação sistêmica.

Óleos hidrogenados

Os óleos hidrogenados são óleos vegetais líquidos que foram quimicamente modificados por meio da incorporação de átomos de hidrogênio em sua estrutura química para produzir uma forma sólida ou semissólida – como Crisco[2] ou outras gorduras vegetais. Esses óleos hidrogenados, também chamados de óleos parcialmente hidrogenados, gorduras trans ou ácidos graxos trans (que se referem à mudança em sua estrutura química), são mais fáceis de manusear do que os óleos líquidos durante o processamento de alimentos e são preferidos em muitos alimentos processados, pois podem dar mais crocância aos biscoitos e maior prazo de validade aos *cookies*. Sabe-se que as gorduras trans interferem no metabolismo do cortisol (aumentando os níveis de cortisol), no açúcar no sangue (aumentando a glicose no sangue e inibindo a função da insulina) e na cascata inflamatória (levando-a a um estado pró-inflamatório, o que interfere ainda mais no metabolismo do cortisol).

A má notícia é que tanto as gorduras trans quanto os HFCS são encontrados em grandes quantidades em muitos alimentos processados. Como regra geral, qualquer alimento que liste um desses aditivos como um dos três primeiros ingredientes deve ser automaticamente considerado não permitido em sua busca pelo bem-estar e por uma aparência melhor.

Horário: quando comer

A abordagem que consideramos mais eficaz representa uma mudança sutil, mas importante, de muitas dietas populares. Como muitos

2. Crisco é uma marca norte-americana de gordura vegetal.

programas existentes, o plano Helping Hand incentiva você a fazer várias pequenas refeições e lanches ao longo do dia. Essa abordagem de alimentação pode fazer maravilhas para modular as respostas do açúcar no sangue e do cortisol aos alimentos, ajudando assim a controlar o apetite, aumentar os níveis de energia e incentivar a queima de gordura ao longo do dia – sem mencionar a redução dos efeitos prejudiciais da glicação e da exposição ao cortisol em sua pele.

A dieta Helping Hand otimiza essa abordagem, espaçando três refeições e três lanches ao longo do dia no seguinte padrão:

7h: Lanche (antes de sair para o trabalho)
9h: Café da manhã (no trabalho)
Meio-dia: Lanche (mais exercícios, se você conseguir encaixá-los)
14h: Almoço
17h: Lanche (antes de sair do trabalho ou no caminho para casa)
19h: Jantar (com um coquetel ou uma pequena sobremesa como quarto "lanche" opcional do dia)

Um lanche consiste em uma porção de tamanho adequado do grupo de frutas/vegetais, mais uma porção de tamanho adequado de gordura (como algumas nozes e um pedaço de queijo). Uma refeiçao consiste em uma porção de tamanho adequado de cada um dos grupos de amido, proteína e gordura, mais uma ou duas porções de tamanho adequado do grupo de frutas/vegetais.

UMA PALAVRA FINAL

É isso aí. Neste ponto, você pode ver como a abordagem Helping Hand para a alimentação pode ser fácil de seguir, prática para usar em sua vida diária e eficaz como forma de controlar os principais aspectos do metabolismo relacionados à maioria das doenças crônicas que enfrentamos hoje.

Os próximos quatro capítulos exploram algumas das opções disponíveis de suplementos dietéticos para ajustar esse controle metabólico básico de modo a reduzir as rugas, aliviar a acne ou simplesmente equilibrar o tom da pele controlando o cortisol, os radicais livres, a glicação e a inflamação.

CAPÍTULO 6

SUPLEMENTOS PARA O CONTROLE DO CORTISOL

Embora o cortisol venha em terceiro lugar no acrônimo FACE, ele realmente é de importância primordial em virtude de suas interações íntimas com os outros três aspectos do FACE (consulte o diagrama FACE no Capítulo 4). Por isso, consideraremos primeiro os suplementos para o controle do cortisol. Lembre-se de que muitos dos suplementos que são eficazes principalmente para o controle do cortisol também funcionam como controladores secundários do açúcar no sangue (e, portanto, da glicação), dos radicais livres (e, assim sendo, da oxidação) e dos eicosanoides/citocinas (e, por conseguinte, da inflamação).

A ciência relacionada aos suplementos dietéticos e à nutrição muda rapidamente, portanto recomendo que você visite meu site www.cortisolconnection.com a fim de obter atualizações frequentes sobre regimes dietéticos e outras estratégias de estilo de vida para controlar os inúmeros aspectos do metabolismo associados à saúde da pele.

BETA-SITOSTEROL

O beta-sitosterol está entre as centenas de compostos "esteróis" derivados de plantas que sabidamente influenciam a exposição ao cortisol, a função imunológica e a inflamação. Os óleos vegetais contêm a maior concentração de fitosteróis, portanto nozes e sementes contêm níveis razoavelmente altos e todas as frutas e vegetais em geral contêm alguma quantidade. Talvez a melhor maneira de obter o beta-sitosterol seja por meio de uma dieta rica em frutas, legumes, nozes e sementes (o que, obviamente, também traz inúmeros outros benefícios), mas o beta-sitosterol também está disponível na forma de suplemento.

O beta-sitosterol é conhecido por modular a função imunológica, a inflamação e os níveis de dor por meio de seus efeitos no controle da produção de citocinas inflamatórias. Grande parte desse controle imunológico/inflamatório parece estar relacionada a uma melhor interação das células imunológicas (que produzem eicosanoides e citocinas) com as glândulas suprarrenais (que produzem cortisol). Essa modulação da produção e da atividade das citocinas pode ajudar a controlar as reações alérgicas da pele, como rosácea, dermatite e eczema, além de ajudar a promover a função geral da barreira cutânea e a cicatrização de feridas.

No que se refere à função imunológica, o beta-sitosterol demonstrou em humanos normalizar a função dos linfócitos T-helper e das células assassinas naturais (*natural killer*) após eventos estressantes (como maratonas), que normalmente suprimem a função do sistema imunológico. Além de aliviar grande parte da supressão imunológica pós-exercício que ocorre após competições de resistência, o beta-sitosterol também demonstrou normalizar a proporção entre os hormônios catabólicos do estresse (cortisol) e os hormônios anabólicos (de reconstrução), como o DHEA.

Não foram relatados efeitos colaterais significativos ou interações medicamentosas em nenhum dos estudos que investigaram o beta-sitosterol, e a presença generalizada do beta-sitosterol na dieta significa que ele é reconhecido em geral como um suplemento extremamente seguro, sem efeitos colaterais.

A dosagem diária típica de beta-sitosterol para os benefícios da função imunológica e do controle do cortisol é de 60-120 mg. Um punhado de amendoim torrado ou duas colheres de sopa de manteiga de amendoim contêm cerca de 10-30 mg de beta-sitosterol.

ASHWAGANDHA (*WITHANIA SOMNIFERA*)

A *ashwagandha* é uma erva nativa da Índia que às vezes é chamada de cereja de inverno ou "ginseng indiano" – para sugerir benefícios de promoção de energia e antiestresse semelhantes aos atribuídos aos ginsengs asiáticos e siberianos mais conhecidos. Herboristas e praticantes de medicina natural geralmente recomendam a *ashwagandha* para ajudar a combater o estresse e a fadiga. Na medicina tradicional indiana (ayurvédica), a *ashwagandha* é usada para "equilibrar as forças vitais" durante o estresse e o envelhecimento.

Por seus benefícios de relaxamento e antiestresse geral, a *ashwagandha* é comumente usada para aprimorar o desempenho físico e mental, melhorar a capacidade de aprendizado e a função mental, diminuir o estresse e aliviar a insônia.

A maior parte do que sabemos sobre a *ashwagandha* é proveniente de relatos de uso tradicional em humanos por praticantes da medicina ayurvédica e de estudos experimentais em animais. Nos estudos com animais, a *ashwagandha* demonstrou benefícios no tratamento da ansiedade e da depressão, impulsionando a função do sistema imunológico, aumentando os efeitos antitumorais da quimioterapia, estimulando a função da tireoide e melhorando a memória e a função mental. Muitos desses efeitos provavelmente se devem a uma modulação do metabolismo do cortisol durante períodos de alto estresse. Durante o estresse, os níveis elevados de cortisol podem levar à depressão, ansiedade, supressão do sistema imunológico, redução da função da tireoide e declínio mental; a *ashwagandha* pode aliviar parte da elevação dos níveis de cortisol induzida pelo estresse e ajudar a normalizar o metabolismo.

Em relação à segurança, não há relatos de efeitos colaterais adversos em humanos, e estudos de toxicidade aguda em roedores demonstraram que a *ashwagandha* tem uma ampla margem de segurança (superior a

3.000 mg/dia). Em razão dos efeitos da *ashwagandha* no relaxamento muscular e por ser um leve depressor do sistema nervoso central, a erva não deve ser combinada com álcool ou outros sedativos, soníferos ou ansiolíticos (medicamentos contra a ansiedade). Recomenda-se que as mulheres grávidas evitem a *ashwagandha*, por seus efeitos abortivos relatados e pela possibilidade de causar parto prematuro.

As recomendações gerais de dosagem para a *ashwagandha* estão na faixa de 200-800 mg por dia de um extrato padronizado para 1-2% de vitanólidos (os principais componentes ativos da erva).

CORDYCEPS (*CORDYCEPS SINENSIS*)

O *Cordyceps* é um cogumelo usado na medicina tradicional chinesa (MTC) para "revigoramento" e para equilibrar o *qi* – a energia fundamental da vida. De certa forma, o *Cordyceps* é um pouco parecido com o ginseng, pois ambos os suplementos são conhecidos por terem efeitos na redução do estresse, no aumento da resistência e nos níveis de energia. Ambos também são excelentes controladores dos níveis de açúcar no sangue. Embora os componentes farmacologicamente ativos do *Cordyceps* permaneçam desconhecidos, pelo menos dois constituintes químicos, a cordicepina (desoxiadenosina) e o ácido cordicépico (manitol), foram identificados e sugeridos como os compostos ativos para melhorar a energia e a resistência.

Estudos em animais demonstraram que a alimentação com *Cordyceps* pode aumentar a proporção de trifosfato de adenosina (ATP) para fosfato inorgânico (Pi) no fígado em 45-55% – um efeito que pode ser considerado benéfico no que se refere ao estado de energia e potencial para melhoria do desempenho. Além disso, camundongos alimentados com *Cordyceps* e submetidos a um ambiente de oxigênio extremamente baixo foram capazes de utilizar o oxigênio com mais eficiência (aumento de

30-50%), tolerar melhor a acidose e a hipóxia (falta de oxigênio) e viver duas a três vezes mais do que o grupo de controle.

Em vários estudos clínicos chineses, principalmente com pacientes idosos que sofriam de fadiga, os pacientes tratados com *Cordyceps* relataram melhorias significativas no nível de fadiga, na capacidade de tolerar temperaturas frias, na memória e na capacidade cognitiva, e no desejo sexual. Pacientes com doenças respiratórias também relataram sentir-se fisicamente mais fortes. Recentemente, um pequeno estudo apresentado na reunião anual do American College of Sports Medicine mostrou que o *Cordyceps* aumenta significativamente o consumo máximo de oxigênio e o limiar anaeróbico, o que pode levar a uma melhor capacidade de exercício e resistência à fadiga.

Não há efeitos colaterais conhecidos associados ao *Cordyceps*, embora as dosagens diárias efetivas precisem estar na faixa de 1-2 gramas para proporcionar um controle significativo dos níveis de cortisol.

EPIMEDIUM

O *Epimedium* às vezes é chamado de "erva-do-bode-excitado" em decorrência do seu uso tradicional no tratamento da fadiga e no aumento do desejo sexual. O uso do *Epimedium* como erva medicinal remonta a pelo menos 400 d.C. Ele tem sido usado como um tônico para o sistema reprodutivo (aumentando a libido e tratando a impotência) e para o rejuvenescimento (para aliviar a fadiga e reduzir o estresse). Acredita-se que o *Epimedium* funcione por meio da modulação dos níveis de cortisol. Em condições de alto estresse, sabe-se que o aumento dos níveis de cortisol causa fadiga e diminui o desejo sexual. Portanto, acredita-se que trazer os níveis de cortisol de volta às faixas normais ajuda a restaurar o metabolismo normal, os níveis de energia e a libido.

Estudos em animais demonstraram que o *Epimedium* pode funcionar um pouco como um adaptógeno (exemplos incluem *Cordyceps*, *Rhodiola*, *ashwagandha* e ginseng), aumentando os níveis de epinefrina, norepinefrina, serotonina e dopamina quando estão baixos (um efeito de promoção de energia), mas reduzindo os níveis de cortisol quando estão elevados (um efeito antiestresse). Há também evidências de que o *Epimedium* pode restaurar os níveis baixos de testosterona e do hormônio da tireoide de volta aos níveis normais, o que pode ser responsável por alguns dos benefícios do *Epimedium* na melhora do desejo sexual. Estudos em animais usando *Epimedium* mostraram uma redução na degradação óssea, um aumento na massa muscular e uma perda de gordura corporal, o que pode estar ligado ao retorno observado dos níveis anormais de cortisol e do ritmo de volta ao normal. Em uma série de estudos realizados em humanos e animais por pesquisadores chineses, a função do sistema imunológico foi diretamente suprimida e a perda óssea foi acelerada pelo uso de altas doses de cortisol sintético (medicamentos glicocorticoides). A administração subsequente de extrato de *Epimedium* reduziu os níveis sanguíneos de cortisol e melhorou a função do sistema imunológico (em humanos), bem como diminuiu a perda óssea e fortaleceu os ossos (em animais).

É interessante observar que, embora pelo menos quinze compostos ativos tenham sido identificados nos extratos de *Epimedium* (incluindo luteolina, icariina, quercetina e várias epimedinas), muitas empresas de suplementos atualmente usam extratos alcoólicos padronizados apenas para altos níveis de icariina. A maneira tradicional de usar *Epimedium*, no entanto, é como uma decocção (chá), o que resultaria em um perfil muito diferente de constituintes ativos quando comparado aos extratos alcoólicos com alto teor de icariina que são mais comumente usados em muitos produtos comerciais. Embora pelo menos um estudo em tubo de ensaio tenha demonstrado que a icariina protege as células do fígado contra danos causados por vários compostos tóxicos, outros estudos de alimentação (em roedores) sugeriram que a icariina em altas doses pode estar associada à toxicidade renal e hepática. Não há relatos de efeitos colaterais adversos associados à preparação tradicional de *Epimedium* (extraído da água) na dosagem sugerida (250-1.000 mg por dia).

DAMIANA

As folhas de damiana têm sido tradicionalmente usadas como medicamento respiratório, neurológico e sexual pelas culturas indígenas do México. A damiana também tem sido usada como afrodisíaco e alegadamente induz à euforia – ambos os efeitos em grande parte devidos à ação da damiana no controle da exposição ao cortisol.

A capacidade da damiana de induzir uma leve euforia poderia apoiar uma teoria lógica de que, em quantidades relativamente pequenas, a damiana poderia levar ao relaxamento e acalmar a ansiedade, o estresse e, portanto, o cortisol. É possível que as pessoas que sofrem de disfunção sexual resultante de estresse ou problemas emocionais possam se beneficiar da suplementação com essa erva. Talvez a evidência científica mais viável para o uso milenar da damiana como suplemento antiestresse envolva um estudo recente que demonstra que o extrato de damiana imita algumas das ações da progesterona, sugerindo que a damiana poderia ajudar a aliviar algumas das alterações hormonais associadas à menopausa, como estresse elevado, aumento dos níveis de cortisol, pele e cabelos mais finos e problemas de pele generalizados. Da mesma forma, o extrato de damiana poderia aliviar a depressão cíclica e a ansiedade frequentemente associadas aos ciclos menstruais das mulheres. Dito isso, como a comunidade científica não estudou rigorosamente a damiana, a erva não é recomendada para mulheres grávidas ou lactantes, para crianças ou para qualquer pessoa com uma condição médica grave ou que esteja tomando medicamentos prescritos.

As recomendações gerais de dosagem requerem de 400-800 mg de damiana por dia, mas as recomendações de dosagem podem variar um pouco com base na combinação de outros ingredientes em determinado produto.

CASCA DE MAGNÓLIA (*MAGNOLIA OFFICINALIS*)

A casca de magnólia, um medicamento tradicional chinês conhecido como *houpu* ou *hou po*, tem sido usada desde o ano 100 d.C. para tratar a "estagnação do *qi*" (baixa energia), bem como uma variedade de síndromes, como distúrbios digestivos causados por angústia emocional e agitação. O uso moderno da casca de magnólia é como agente geral antiestresse e ansiolítico.

A casca da magnólia é rica em dois compostos de bifenol, o magnolol e o honokiol, que se acredita contribuírem para os efeitos primários antiestresse e redutores de cortisol da planta. O teor de magnolol da casca de magnólia geralmente está na faixa de 2-10%, enquanto o honokiol tende a ocorrer naturalmente em 1-5% na casca de magnólia seca. A casca de magnólia também contém um pouco menos de 1% de um óleo essencial conhecido como eudesmol, que é classificado como um composto triterpeno e pode proporcionar alguns benefícios adicionais como antioxidante.

Dois dos medicamentos fitoterápicos mais populares usados no Japão, um chamado *Saiboku-to* e outro chamado *Hange-kobuku-to*, contêm casca de magnólia e têm sido usados para tratar doenças que vão desde asma brônquica até depressão e ansiedade. Pesquisadores japoneses determinaram que os componentes magnolol e honokiol da *Magnolia officinalis* são mil vezes mais potentes do que o alfa-tocoferol (vitamina E) em sua atividade antioxidante, oferecendo assim um benefício potencial para a saúde do coração. Outros grupos de pesquisa demonstraram que tanto o magnolol quanto o honokiol oferecerem poderosos benefícios para a saúde do cérebro por meio de suas ações na modulação da atividade de vários neurotransmissores e enzimas relacionadas no cérebro (aumento da atividade da colina acetiltransferase, inibição da acetilcolinesterase e aumento da liberação de acetilcolina). Diversos estudos em animais demonstraram que o honokiol atua como depressor do sistema nervoso central em altas doses, mas como agente ansiolítico (ansiolítico e antiestresse) não sedativo em doses mais baixas. Isso significa que uma pequena dose de honokiol ou de um extrato de casca de magnólia padronizado para o teor de honokiol pode ajudar a "desestressar" sem provocar sono, enquanto uma dose maior pode causar a perda da consciência. Quando comparado a agentes farmacêuticos como o Valium (diazepam), o honokiol parece ser tão eficaz quanto ele em sua atividade ansiolítica, mas não tão potente em sua capacidade sedativa. Esses resultados foram demonstrados em pelo menos meia dúzia de estudos com animais e sugerem que os extratos de casca de magnólia padronizados para o teor de honokiol seriam uma abordagem apropriada para controlar os efeitos prejudiciais dos estressores diários sem os efeitos colaterais tranquilizantes dos agentes farmacêuticos.

Nenhuma toxicidade significativa ou efeitos adversos foram associados ao uso tradicional da casca de magnólia, mas, como altas doses podem causar sonolência, talvez seja melhor não operar uma escavadeira ou outra máquina pesada enquanto estiver aliviando sua ansiedade com a casca de magnólia. As recomendações típicas de dosagem variam de 250-750 mg por dia de um extrato padronizado para os principais ingredientes ativos (geralmente 1-2% de honokiol e magnolol).

KAVA KAVA (*PIPER METHYSTICUM*)

A *kava* é a raiz de uma planta de pimenta usada há séculos pelos habitantes das ilhas do Pacífico (por exemplo, fijianos, havaianos) como um intoxicante cerimonial para ajudar as pessoas a relaxarem e socializarem. Usos mais recentes sugerem um papel para a *kava* no alívio da ansiedade e da tensão. Há relatos de que a *kava* cria uma sensação de calma sem entorpecer a mente ou causar ressaca semelhante à do álcool. Os ingredientes ativos, substâncias químicas chamadas *kavalactonas*, agem como um leve depressor do sistema nervoso central. O teor de *kavalactona* nas raízes de *kava* pode variar significativamente de uma planta para outra (contendo entre 3-20%), dependendo das condições de cultivo, colheita e processamento. Estudos sobre a *kava*, realizados em grande parte na Alemanha, constataram que ela ajuda a aliviar a ansiedade e outros problemas emocionais relacionados ao estresse. Um estudo avaliou vários problemas interpessoais e estressores psicológicos, descobrindo que, após quatro semanas, o grupo que tomou suplementos de *kava* apresentou reduções estatisticamente significativas no estresse em todas as categorias medidas, em contraste com o grupo placebo, que apresentou pouca variação em qualquer área.

Não foram observados efeitos colaterais ou sintomas de abstinência durante os estudos de suplementação com *kava* ou quando as pessoas pararam de tomar a erva. Entretanto, alguns estudos de caso recentes da Alemanha relacionaram a *kava* a danos no fígado, levando os governos alemão e canadense a considerar a possibilidade de retirá-la do mercado. Esses casos, após uma análise mais detalhada, não foram causados pela *kava*, mas, sim, pelo uso combinado da erva com altos níveis de álcool ou acetaminofeno (Tylenol), ambos conhecidos por serem extremamente tóxicos para o fígado.

Como a *kava* deprime o sistema nervoso, ela não deve ser tomada com álcool ou em conjunto com medicamentos ansiolíticos. Além disso, embora a *kava* pareça ser útil para aliviar casos de ansiedade leve a moderada, a automedicação com *kava* provavelmente não é apropriada para indivíduos com problemas graves de ansiedade. Os suplementos devem fornecer um extrato padronizado para o conteúdo de *kavalactona*, fornecendo o equivalente a 50-150 mg de *kavalactona*.

GINSENG

O termo "ginseng" refere-se a um grupo de ervas adaptógenas da família de plantas *Araliacae*. Comumente, "ginseng" refere-se ao "verdadeiro" ginseng, o *Panax ginseng*, que tem sido usado na medicina tradicional chinesa há milhares de anos como um tônico indicado por seus efeitos benéficos sobre o sistema nervoso central, proteção contra úlceras de estresse, aumento da motilidade gastrointestinal, ação antifadiga, aprimoramento da função sexual e aceleração do metabolismo. Vários outros "ginsengs" são usados como tônicos adaptógenos em todo o mundo; entre eles estão o *Panax quinquefolium* (também conhecido como ginseng americano), *Eleutherococcus* (também conhecido como ginseng siberiano) e *ashwagandha* (às vezes chamado de ginseng indiano).

Sejam eles siberianos, *Panax* ou uma das outras variedades, os "ginsengs" são normalmente chamados de "adaptógenos", definidos como tônicos terapêuticos e restauradores, considerados de modo global como produtores de um efeito de "equilíbrio" no corpo. Em geral, um adaptógeno pode ser considerado uma substância que ajuda o corpo a lidar com o estresse.

Acredita-se que os componentes ativos do *Panax* e do ginseng americano sejam os ginsenosídeos, uma família de saponinas triterpenoides. Em geral, a maioria dos produtos de ginseng de alta qualidade, seja raiz inteira ou extrato, é padronizada quanto ao teor de ginsenosídeos. Os componentes ativos do ginseng siberiano são considerados eleuterosídeos. Foi teorizado que a ação do ginseng no corpo se deve à estimulação do eixo hipotálamo-hipófise para secretar o hormônio adrenocorticotrófico (ACTH). O ACTH tem a capacidade de se ligar diretamente às células cerebrais e pode afetar uma variedade de comportamentos no corpo, inclusive motivação, vitalidade, desempenho e excitação.

Em uma ampla gama de estudos em humanos e animais, o ginseng melhora os índices gerais de estresse e distúrbios de humor, além de normalizar aspectos do metabolismo relacionados ao controle do cortisol, do açúcar no sangue, da inflamação e da oxidação.

Na maioria das vezes, as plantas da família do ginseng são consideradas bastante seguras (isso faz parte da definição que elas devem cumprir para serem chamadas de adaptógenas). Não há interações medicamentosas conhecidas, contraindicações, reações alérgicas comuns ou toxicidade para o ginseng siberiano, o *Panax ginseng* ou o ginseng americano. Entretanto, recomenda-se uma palavra de cautela para indivíduos com hipertensão, pois foi relatado que a natureza estimulante de algumas preparações de ginseng aumenta a pressão arterial. Além disso, indivíduos propensos à hipoglicemia (baixo nível de açúcar no sangue) devem usar o ginseng com cautela em razão dos efeitos relatados do ginseng na redução dos níveis de açúcar no sangue.

Os suplementos de ginseng devem ser padronizados para conter de 4-5% de ginsenosídeos (para o *Panax ginseng*) e de 0,5-1% de eleuterosídeos (para o ginseng siberiano). Recomenda-se a ingestão diária de 100-300 mg para produzir benefícios adaptógenos e energéticos.

PASSIFLORA (*PASSIFLORA INCARNATA*)

Os extratos de passiflora foram estudados por sua capacidade potencial de diminuir a ansiedade e prolongar o tempo de sono, e ambos os efeitos resultariam em uma redução drástica da exposição geral ao cortisol. Em termos muito gerais, várias ervas populares são usadas para ajudar a "aliviar a tensão" após um dia particularmente estressante. Muitas das ervas dessa categoria são encontradas em chás de ervas relaxantes e incluem camomila, melissa, erva-cidreira, lúpulo, aveia e escutelária. Embora essas ervas sejam amplamente usadas para ajudar a acalmar os nervos em frangalhos (mais uma vez, principalmente como chás de ervas), nenhuma delas tem evidências científicas muito fortes ou convincentes que comprovem sua eficácia contra o estresse, a ansiedade ou os níveis elevados de cortisol. Isso certamente não significa que sejam inúteis; afinal de contas, uma xícara de chá quente às vezes pode ser a coisa certa para ajudar a reduzir o estresse e promover um estado mais relaxado.

A passiflora pode ser a exceção entre as ervas mais comuns encontradas em "chás de relaxamento", pois vários estudos indianos demonstraram uma clara atividade ansiolítica (contra a ansiedade) da *Passiflora incarnata* tanto em animais quanto em humanos. Dos poucos estudos em seres humanos, a passiflora mostra benefício no tratamento da abstinência de opiáceos, e alguns estudos clínicos mostraram que é tão eficaz quanto alguns medicamentos prescritos no tratamento da ansiedade generalizada. Nesses estudos, os medicamentos tendem a ter um início de ação mais rápido do que a passiflora (os efeitos ansiolíticos dos medicamentos "entram em ação" mais rapidamente), mas também têm mais efeitos colaterais em comparação com a passiflora.

Quando usada conforme indicado, a passiflora é bastante segura, mas altas doses podem induzir sonolência e depressão do sistema nervoso central. Dessa forma, a passiflora não deve ser combinada com barbitúricos, medicamentos para ansiedade ou antidepressivos. Os efeitos ansiolíticos da passiflora foram confirmados em doses de 400 mg/dia, mas doses menores de 100-200 mg geralmente são eficazes, na hora de dormir, para tratar a insônia.

RHODIOLA ROSEA

A *Rhodiola* tem sido usada há centenas de anos para tratar sintomas de gripes e resfriados, promover a longevidade e aumentar a resistência do corpo a estresses físicos e mentais. Assim como o *Cordyceps* e algumas das várias ervas "ginseng", a *Rhodiola* é normalmente considerada um adaptógeno e acredita-se que revigora o corpo e a mente para aumentar a resistência a uma série de estresses. Acredita-se que os principais constituintes ativos da *Rhodiola* sejam a rosavina, a rosarina, a colofônia e o salidrosídeo.

Estudos sobre a *Rhodiola* demonstraram benefícios claros nos níveis de energia, resistência e vigor, humor, desempenho mental geral e resistência ao estresse.

A *Rhodiola* é considerada bastante segura, sem contraindicações ou interações conhecidas com outros medicamentos/ervas. As recomendações gerais de dosagem para a *Rhodiola* estão normalmente na faixa de 100-300 mg por dia.

SCHISANDRA

A *Schisandra* tem um longo histórico de uso na antiga medicina chinesa como uma erva capaz de promover o bem-estar geral e aumentar a vitalidade. Além de seus usos tradicionais para promover a energia e aliviar a exaustão causada pelo estresse, a *Schisandra* tem sido usada historicamente para fortalecer os órgãos sexuais, promover a função mental, embelezar a pele e tratar suores noturnos, asma, tosse e insônia. A *Schisandra* é frequentemente apontada como membro da família adaptógena, porque contém muitos produtos químicos que podem apoiar algumas das alegações feitas sobre os efeitos potencialmente benéficos dos adaptógenos (incluindo lignanas, conhecidas por estimular o sistema imunológico, proteger o fígado, aumentar a capacidade do corpo de lidar com o estresse e possivelmente causar um leve efeito sedativo).

Embora a *Schisandra* seja geralmente considerada segura e não tóxica, ela pode induzir contrações musculares uterinas em altas doses, portanto mulheres grávidas não devem tomar essa erva. As recomendações típicas de dosagem estão na faixa de 100-500 mg por dia.

VALERIANA

A valeriana tem sido usada como uma erva medicinal ansiolítica e para ajudar a dormir desde os tempos dos romanos. Embora não se saiba ao certo qual dos inúmeros compostos é o verdadeiro ingrediente "ativo", sabemos que a erva inteira e seus extratos (e sua combinação de compostos) parecem atuar em conjunto no cérebro de maneira semelhante à ação de tranquilizantes prescritos, como o Valium e o Halcion. Tomada antes de dormir, a valeriana parece reduzir o tempo necessário para adormecer – e um sono melhor/mais profundo está claramente associado a uma exposição reduzida ao cortisol.

Embora a valeriana seja considerada bastante segura, ela deve ser evitada por mulheres grávidas e lactantes e não deve ser consumida por crianças. Indivíduos que estejam tomando medicamentos sedativos ou antidepressivos devem ser aconselhados por seu médico antes de tomar valeriana. Não tome valeriana em conjunto com álcool ou outros tranquilizantes.

Como a atividade e a força das preparações de valeriana podem variar significativamente de um produto para outro, recomenda-se selecionar um produto padronizado contendo 0,5-1,0% de ácidos valerênicos sempre que possível e seguir as instruções do produto específico. Como diretriz geral, aproximadamente 250-500 mg de um extrato 5-6:1 podem ser tomados antes de dormir (como auxílio para dormir), ou, conforme necessário, como um tranquilizante leve.

TEANINA

A teanina é um aminoácido exclusivo encontrado nas folhas do chá verde (*Camellia sinensis*). A teanina é bem diferente dos antioxidantes polifenóis e catequinas pelos quais o chá verde é normalmente consumido. De fato, por meio da produção natural de polifenóis, a planta do chá converte a teanina em catequinas. Isso significa que as folhas de chá colhidas durante uma parte da estação de crescimento podem ser ricas em catequinas (boas para os benefícios antioxidantes), enquanto as folhas colhidas em outra época do ano podem ser mais ricas em teanina (boa para os efeitos antiestresse e de controle do cortisol). Espera-se que três a quatro xícaras de chá verde contenham de 100-200 mg de teanina.

O aspecto exclusivo da teanina é que ela age como um relaxante não sedativo para ajudar a aumentar a produção de ondas alfa no cérebro (aquelas associadas ao "estado de alerta relaxado"). Isso torna a teanina extremamente eficaz no combate à tensão, ao estresse e à ansiedade – sem induzir sonolência. Ao aumentar a produção de ondas alfa no cérebro, acredita-se que a teanina controle a ansiedade, aumente o foco mental, melhore a concentração e promova a criatividade. As pesquisas são bastante claras quanto ao fato de que as pessoas que produzem mais ondas cerebrais alfa também têm menos ansiedade, que as pessoas altamente criativas geram mais ondas alfa quando se deparam com um problema a ser resolvido e que os atletas de elite tendem a produzir uma explosão de ondas alfa no lado esquerdo do cérebro durante seus melhores desempenhos.

Não há efeitos colaterais adversos associados ao consumo de teanina, o que a torna uma das principais opções naturais para promover o relaxamento sem os efeitos sedativos das drogas depressoras. Estudos clínicos demonstram que a teanina é eficaz em dosagens que variam de 50-200 mg por dia – aproximadamente o que seria encontrado em duas a quatro xícaras de chá verde. Como a teanina atinge seus níveis máximos no sangue entre trinta minutos e duas horas após a ingestão, ela pode ser usada tanto como um regime diário antiestresse e de foco mental quanto, "conforme necessário", como suplemento durante períodos estressantes.

CAPÍTULO 7

SUPLEMENTOS PARA O CONTROLE DA OXIDAÇÃO

Os antioxidantes são importantes para controlar a atividade das moléculas de oxigênio altamente reativas conhecidas como radicais livres, pois a atividade descontrolada dos radicais livres é o que leva ao dano celular conhecido como oxidação e ao ciclo de glicação e inflamação que se segue, causando danos e disfunções adicionais. No entanto, quando se trata de suplementação de antioxidantes, o importante é o conjunto geral de vários deles, e não um único "superoxidante". Isso é o que os cientistas chamam de "rede antioxidante", composta por cinco classes principais de antioxidantes: vitamina E, vitamina C, carotenoides, bioflavonoides e tióis. Suas células precisam de representantes de cada uma dessas categorias para montar a mais forte defesa antioxidante.

Pense da seguinte forma: se você tivesse o melhor rebatedor de *home run* do mundo, mas o arremesso e o campo fossem ruins, seu time de beisebol não seria o melhor. A mesma coisa se aplica às suas defesas antioxidantes. O chá verde, a vitamina E, a casca de pinheiro e o betacaroteno são todos antioxidantes maravilhosos individualmente, mas combiná-los para criar uma rede que funcione em conjunto em diferentes partes do corpo e contra diferentes tipos de radicais livres é a maneira mais eficaz de agir. Algumas das principais opções são betacaroteno (natural), licopeno, luteína, vitamina E (natural), vitamina C, ácido alfa-lipoico, chá verde, selênio, zinco, semente de uva e casca de pinheiro. Mas há muitas outras opções de nutrientes, extratos de ervas e extratos de plantas que também têm propriedades antioxidantes maravilhosas, várias das quais estão resumidas neste capítulo.

ANTIOXIDANTES
Uma discussão geral

O termo "antioxidante" refere-se à capacidade que inúmeras vitaminas, minerais e outros fitoquímicos têm de servir como proteção contra os efeitos prejudiciais de moléculas altamente reativas conhecidas como radicais livres. Os radicais livres têm a capacidade de reagir quimicamente com muitas estruturas do corpo e danificá-las. Particularmente suscetíveis ao dano oxidativo são as membranas celulares de praticamente todas as células, sobretudo as da pele, pelo alto teor de lipídios da pele e por sua vulnerabilidade aos raios ultravioleta do sol.

A teoria dos radicais livres sobre o envelhecimento e a promoção de doenças sustenta que, por meio de um acúmulo gradual de danos microscópicos às membranas celulares, ao DNA, às estruturas dos tecidos e aos sistemas enzimáticos, começamos a perder a função e nos tornamos predispostos a doenças. No caso de atletas e outros praticantes ávidos de exercícios, o dano oxidativo pode ser elevado em virtude do aumento da produção de radicais livres durante a atividade intensa. Embora o corpo aumente sua produção de enzimas antioxidantes endógenas (glutationa peroxidase, catalase, superóxido dismutase) quando está sob estresse, pode-se teorizar que níveis suplementares de antioxidantes exógenos ou dietéticos podem ser necessários para evitar danos oxidativos excessivos aos músculos, mitocôndrias e outras estruturas.

Milhares de estudos documentaram claramente os efeitos benéficos de dezenas de nutrientes antioxidantes. Certamente não há escassez de nutrientes e fitoquímicos que têm atividade antioxidante significativa no tubo de ensaio. O aumento da ingestão desses nutrientes na dieta – por exemplo, vitaminas C e E, minerais como o selênio e vários fitonutrientes, como extratos de semente de uva, casca de pinheiro e chá verde – foi associado a taxas reduzidas de danos oxidativos, bem como à redução da incidência de doenças crônicas, como doenças cardíacas e câncer.

Nos níveis normalmente recomendados, a maioria dos antioxidantes parece ser bastante segura. Por exemplo, a vitamina E, um dos mais poderosos antioxidantes ligados à membrana, também tem um dos melhores perfis de segurança. Doses de 100-400 UI (unidades internacionais) foram associadas a benefícios cardiovasculares significativos, sem efeitos colaterais. A vitamina C, outro poderoso antioxidante, pode ajudar a proteger e restaurar a atividade antioxidante da vitamina E, e é considerada segura em doses de 500-1.000 mg. Doses mais altas de vitamina C não são recomendadas pela preocupação de que esses níveis possam causar um "desequilíbrio" dos sistemas oxidativos e, na verdade, promover danos oxidativos, em vez de preveni-los. Outro antioxidante popular, o betacaroteno, é um tanto controverso como suplemento dietético. Embora as dietas ricas em frutas e vegetais possam fornecer aproximadamente 5-6 mg de carotenos diariamente, isso incluiria uma mistura de betacaroteno e outros carotenoides de ocorrência natural. Há vários anos, estudos que demonstraram que suplementos de betacaroteno em altas doses pareciam promover câncer de pulmão em fumantes inveterados geraram preocupação. Esses estudos forneceram suplementos de betacaroteno sintético desequilibrados de 20-60 mg – cerca de cinco a dez vezes os níveis que poderiam ser razoavelmente esperados na dieta.

Os quatro principais antioxidantes nutricionais – vitaminas C e E, betacaroteno e selênio – são bem estudados, amplamente disponíveis como suplementos dietéticos e relativamente baratos. Conforme mencionado anteriormente, há uma grande variedade de extratos de fitonutrientes de frutas e vegetais disponíveis que também têm atividade antioxidante significativa.

VITAMINA A

A vitamina A é uma vitamina solúvel em gordura que faz parte de uma família de compostos que inclui retinol, retinal e betacaroteno. O betacaroteno (discutido em mais detalhes a seguir) também é conhecido como "pró-vitamina A", pois pode ser convertido em vitamina A quando são necessários níveis adicionais. A vitamina A é encontrada somente em produtos de origem animal; as fontes alimentares incluem carnes de órgãos, como fígado e rim, gemas de ovos, manteiga, laticínios fortificados (por exemplo, leite e algumas margarinas) e óleo de fígado de bacalhau.

A vitamina A é necessária a todos os tecidos do corpo para os processos gerais de crescimento e reparo; é especialmente importante para a formação óssea, pele e cabelos saudáveis, visão noturna e funcionamento adequado do sistema imunológico. A vitamina A pode ajudar a aumentar a função do sistema imunológico e a resistência a infecções. Os derivados da vitamina A são amplamente utilizados em cosméticos e tratamentos dermatológicos para preparações de pele destinadas a combater o envelhecimento da pele e tratar a acne.

Esteja ciente de que, por ser uma vitamina solúvel em gordura, a vitamina A pode ser armazenada no corpo, e os níveis podem se acumular com o tempo. A suplementação em altas doses (50.000 UI/dia) pode resultar em possível toxicidade, levando a vômitos, dores de cabeça, dores nas articulações, irritação da pele, problemas gastrointestinais e queda de cabelo.

Deve-se ter extrema cautela durante a gravidez, pois altas doses de vitamina A foram associadas a efeitos teratogênicos (defeitos congênitos) nos fetos. Sugere-se uma ingestão diária máxima de 5.000 UI de vitamina A durante a gravidez.

O valor diário (VD) recomendado pela FDA para a vitamina A é de 5.000 UI para adultos. As crianças não devem consumir mais do que 3.500 UI diariamente. Embora não haja um VD estabelecido para o betacaroteno, alguns especialistas em nutrição defendem uma ingestão diária de 5-20 mg.

ESPIRULINA

O termo "espirulina" inclui várias espécies de algas verde-azuladas primitivas e unicelulares. Essas plantas microscópicas crescem naturalmente em lagos ricos em sal, principalmente nas Américas Central e do Sul e na África. A maior parte dessas plantas aquáticas microscópicas usadas em suplementos é cultivada e colhida em tanques ao ar livre na Califórnia, no Havaí, na Austrália e na Ásia.

Como a espirulina é um organismo inteiro, ela contém muitos nutrientes importantes, incluindo vitaminas, minerais, ácidos graxos essenciais e todos os aminoácidos essenciais (aqueles que o corpo humano não consegue produzir). Ela também contém clorofila e carotenoides, os quais têm recebido bastante atenção por suas propriedades antioxidantes. Como a espirulina contém altos níveis de proteína e baixos níveis de gordura, o pó feito a partir dessa alga é frequentemente misturado com suco como suplemento para dietas de baixa caloria. A espirulina também é uma fonte rica de ácido gama-linoleico (GLA), um ácido essencial encontrado em alimentos comuns, bem como em extratos de ervas como o óleo de prímula (bom por seus efeitos anti-inflamatórios).

Estudos em animais alimentados com grandes quantidades de espirulina mostraram que ela não é tóxica e que praticamente não causa efeitos adversos à saúde. As recomendações de dosagem para a espirulina estão na faixa de 2-3 gramas por dia.

VITAMINA C (ÁCIDO ASCÓRBICO)

A vitamina C, também conhecida como ácido ascórbico, é uma vitamina solúvel em água necessária ao organismo para centenas de reações metabólicas vitais. Boas fontes alimentares de vitamina C incluem todas as frutas cítricas (laranjas, toranjas, limões), bem como muitas outras frutas e vegetais, incluindo morangos, tomates, brócolis, couve-de-bruxelas, pimentões e melão.

Talvez a função mais conhecida da vitamina C seja a de um dos principais antioxidantes nutricionais. Como uma vitamina solúvel em água, o ácido ascórbico desempenha suas funções antioxidantes nos compartimentos aquosos do sangue e no interior das células e pode ajudar a restaurar o potencial antioxidante da vitamina E (um antioxidante solúvel em gordura).

A vitamina C também funciona como um cofator essencial para as enzimas envolvidas na síntese de colágeno, a principal proteína estrutural dos tecidos conjuntivos, como ossos, cartilagem e pele. Por isso, a vitamina C é frequentemente recomendada para a cicatrização de feridas e como ingrediente adicional em suplementos destinados a promover a saúde da pele.

Como preventivo contra infecções como a gripe e outros vírus, acredita-se que a vitamina C fortaleça as membranas celulares, impedindo assim a entrada do vírus no interior da célula. O suporte à função das células imunológicas – um efeito que pode ajudar a combater infecções em seus estágios iniciais – também é um papel fundamental desempenhado pela vitamina C. Acredita-se que os efeitos combinados do fortalecimento celular, da síntese de colágeno e da proteção antioxidante sejam responsáveis pela abordagem multifacetada por meio da qual a vitamina C ajuda a manter a saúde.

Na maioria dos casos, parece que, embora os efeitos preventivos mais importantes e evidentes da suplementação de vitamina C sejam experimentados por indivíduos com baixa ingestão de vitamina C, aqueles com um consumo diário médio de alimentos também podem se beneficiar dos níveis suplementares. Em apoio a uma ingestão elevada de vitamina C, um painel científico de especialistas recomendou recentemente o aumento da ingestão de vitamina C para proteger as células da oxidação.

Por ser uma vitamina solúvel em água, o ácido ascórbico é extremamente seguro, mesmo em doses relativamente altas (porque a maior parte do excesso é excretada na urina). Em altas doses (acima de 1.000 mg/dia), algumas pessoas podem apresentar efeitos colaterais gastrointestinais, como cólicas estomacais, náusea e diarreia, e podem ter um risco maior de desenvolver cálculos renais.

Embora a ingestão diária sugerida (IDR, ingestão diária recomendada, ou ingestão diária de referência) de vitamina C tenha sido recentemente aumentada de 60 mg para 75-90 mg (mais alta para mulheres grávidas e lactantes), está bem estabelecido que quase todo mundo pode se beneficiar de níveis ainda mais altos. Por exemplo, a recomendação de vitamina C para fumantes de cigarro é de 100-200 mg por dia, pois o fumo destrói a vitamina C no corpo. Embora a vitamina C seja bem absorvida, a porcentagem absorvida dos suplementos diminui com dosagens mais altas; a absorção ideal é obtida com a ingestão de várias doses pequenas (cerca de 200 mg por dose) ao longo do dia, para uma ingestão diária total de 200-1.000 mg. A saturação total do sangue e dos tecidos é obtida com a ingestão diária de 200-500 mg por dia, dividida em duas ou três doses.

VITAMINA E (TOCOFERÓIS E TOCOTRIENÓIS)

A vitamina E é, na verdade, uma família de compostos relacionados conhecidos como tocoferóis e tocotrienóis. Embora o alfa-tocoferol seja a forma mais comum encontrada em suplementos dietéticos, a vitamina E também existe com estruturas químicas ligeiramente diferentes, como beta-, gama- e delta-tocoferol e como alfa-, beta, gama- e delta-tocotrienol. As formas naturais de todas as oito estruturas são importantes para a saúde geral.

A vitamina E pode ser obtida como suplemento na forma natural ou sintética. Na maioria dos casos, as formas naturais e sintéticas de vitaminas e minerais são idênticas, mas, no caso da vitamina E, a forma natural é claramente superior no que se refere a absorção e retenção no organismo. A forma natural do alfa-tocoferol é conhecida como "d-alfa-tocoferol", enquanto a forma sintética é chamada de "dl-alfa-tocoferol". A forma sintética "dl-" é a forma mais comum encontrada em suplementos dietéticos, embora muitos fabricantes estejam mudando para a forma natural "d-", mais potente (e mais cara).

As fontes dietéticas de vitamina E incluem óleos vegetais, margarina, nozes, sementes, abacate e gérmen de trigo. O óleo de cártamo contém uma boa quantidade de vitamina E (cerca de dois terços da IDR em um quarto de xícara), mas há muito pouca vitamina E no óleo de milho e no óleo de soja. Para as pessoas que estão controlando o consumo de gordura na dieta, é provável que a ingestão de vitamina E seja baixa, em razão da redução da ingestão de alimentos com alto teor de gordura. Você precisaria comer cerca de sessenta amêndoas para obter a IDR de vitamina E e várias centenas de amêndoas para obter a quantidade de vitamina associada aos benefícios à saúde (200-400 UI).

Dos diferentes tipos de vitamina E, a forma alfa-tocoferol é normalmente considerada o "padrão-ouro" em relação à atividade antioxidante, embora as pesquisas mais recentes sugiram que as outras formas químicas possam ter proteção antioxidante equivalente ou superior. Vários estudos publicados nos últimos anos demonstraram claramente que a vitamina E natural, a forma "d-", é cerca de duas a três vezes mais biodisponível do que a vitamina E sintética, "dl-". A forma natural da vitamina é extraída de óleos vegetais, principalmente de soja, que são baratos e abundantes nos Estados Unidos. A vitamina E sintética, por outro lado, é fabricada a partir de produtos químicos relacionados a derivados de petróleo, o que resulta em uma combinação na qual apenas um oitavo da mistura é o poderoso isômero "d-".

Uma grande variedade de estudos epidemiológicos e prospectivos demonstrou benefícios à saúde associados ao consumo de vitamina E acima da média. Na maioria dos casos, os níveis de ingestão de vitamina E necessários para a proteção do coração, dos pulmões, dos olhos e do câncer são dez a trinta vezes maiores do que os níveis atuais da IDR. Embora os suplementos de alfa-tocoferol em altas doses sejam claramente uma medida antioxidante poderosa, recentemente surgiu uma preocupação porque esses suplementos podem deslocar os estoques corporais de outras formas de vitamina E que ocorrem de forma natural.

De modo geral, a maioria das evidências indica que uma ingestão equilibrada de cada uma das formas naturais de vitamina E pode ser a abordagem mais prudente quando se trata de benefícios gerais à saúde. Por exemplo, suplementos de "forma alfa" em altas doses podem reduzir os estoques corporais de gama-tocoferol, enquanto a ingestão de 50% de cada uma delas mantém os estoques elevados de ambos nos tecidos. Essas descobertas são potencialmente importantes, uma vez que o gama-tocoferol é a principal forma de vitamina E na dieta americana, e foi descoberto, em um estudo em tubo de ensaio, que inibe a peroxidação lipídica (danos à membrana celular) com mais eficácia do que o alfa-tocoferol. Isso pode significar que as diferentes formas de vitamina E podem se complementar no organismo.

Os efeitos colaterais associados aos suplementos de vitamina E são extremamente raros. Ao contrário de outras vitaminas lipossolúveis (A, D e K), a vitamina E é relativamente não tóxica, mesmo em doses muito superiores aos níveis recomendados atualmente. Entretanto, recomenda-se cautela para indivíduos com risco de sangramento prolongado, como aqueles que tomam medicamentos anticoagulantes, pois os suplementos de vitamina E podem diminuir a capacidade de coagulação do sangue (por meio da redução da agregação plaquetária) e prolongar o tempo de sangramento.

O valor diário (VD) da vitamina E é de 30 UI, mas a maioria das pesquisas mostra que a ingestão ideal associada aos benefícios à saúde está na faixa de 100-400 UI, uma quantidade que não é realista obter dos alimentos.

BETACAROTENO

O betacaroteno faz parte de uma grande família de compostos conhecidos como carotenoides. O grupo dos carotenoides inclui mais de seiscentos membros, inclusive os antioxidantes licopeno e luteína. Os carotenoides estão amplamente distribuídos em frutas e vegetais e são responsáveis, com os flavonoides, por dar cor a muitas plantas (conforme discutido anteriormente no livro, lembre-se de que uma regra nutricional é "quanto mais brilhante, melhor"). Quanto à nutrição, a função principal do betacaroteno é ser um precursor da vitamina A: o corpo pode converter o betacaroteno em vitamina A conforme necessário. É importante observar que o betacaroteno e a vitamina A são frequentemente descritos na mesma frase – quase como se fossem o mesmo composto, o que não é verdade. Embora o betacaroteno possa ser convertido em vitamina A no organismo, há diferenças importantes referentes à ação e segurança entre os dois compostos. O betacaroteno, como a maioria dos carotenoides, é um poderoso antioxidante e é especialmente eficaz na prevenção de danos à pele causados pela luz solar. As melhores fontes alimentares de betacaroteno são frutas e vegetais de cores vivas, como melão, damasco, cenoura, pimentão vermelho, batata-doce, abóbora e verduras de folhas escuras.

É importante observar que a grande maioria das evidências científicas dos benefícios do betacaroteno para a saúde provém de estudos que analisaram fontes *alimentares* de betacaroteno (e outros carotenoides, geralmente chamados de carotenoides "mistos"), e não de suplementos. A partir de estudos populacionais (epidemiológicos), sabemos que um alto consumo de frutas e vegetais está associado a uma redução significativa de muitas doenças – especialmente várias formas de câncer (pulmão, estômago, cólon, mama, próstata e bexiga). Como os dados sugerem que os componentes "ativos" em uma dieta baseada em vegetais podem ser carotenoides e como o betacaroteno é o principal carotenoide em nossas dietas, acreditava-se, até meados da década de 1990, que a maioria dos benefícios à saúde atribuíveis às frutas e aos vegetais poderia ser devida ao betacaroteno.

Um dos maiores estudos epidemiológicos, o Physicians' Health Study (PHS, que envolveu mais de 22 mil médicos do sexo masculino), constatou que, embora altos níveis de carotenoides obtidos na dieta estivessem associados à redução do risco de câncer, o betacaroteno proveniente de suplementos (cerca de 25 mg/dia) não teve efeito sobre o risco de câncer. Uma possível explicação para essa descoberta pode ser que, embora o betacaroteno purificado possa contribuir com alguns benefícios antioxidantes, uma "mistura" de carotenoides (e/ou outros compostos em frutas e vegetais) é provavelmente ainda mais importante para a prevenção do câncer. Pode até ser possível que os suplementos de betacaroteno isolado interfiram na absorção ou no metabolismo de outros carotenoides benéficos da dieta.

Infelizmente, os estudos de intervenção que analisaram os suplementos de betacaroteno sintético purificado (e não os carotenoides mistos) não esclareceram a confusão. Em 1994, os resultados de um estudo de suplementação com quase trinta mil indivíduos (estudo ATBC, *Alpha-Tocopherol and Beta-Carotene*) mostraram não apenas que a suplementação de betacaroteno (20 mg/dia por cinco a oito anos) *não* preveniu o câncer de pulmão em indivíduos de alto risco (homens fumantes de longa data), mas também que, na verdade, causou um aumento de quase 20% no risco de câncer de pulmão. Esse mesmo estudo também constatou um aumento de 10% nas doenças cardíacas e um aumento de 20% nos acidentes vasculares encefálicos entre os usuários de betacaroteno. Em 1996, outro grande estudo (CARET, *Beta-Carotene and Retinol Efficacy Trial*) descobriu praticamente a mesma coisa; os indivíduos que receberam betacaroteno apresentaram quase 50% mais casos de câncer de pulmão. Esses resultados foram tão alarmantes que o National Cancer Institute decidiu interromper o estudo de US$ 40 milhões quase dois anos antes do previsto. O estudo ATBC analisou fumantes compulsivos de longa data, enquanto o estudo CARET analisou fumantes atuais e antigos, bem como trabalhadores expostos ao amianto – todos eles podem ser considerados populações de "alto risco" para o desenvolvimento de câncer de pulmão (o que pode ou não ter contribuído para os resultados surpreendentes do estudo).

Do lado positivo, o betacaroteno tem sido usado com sucesso há mais de quinze anos para tratar doenças hereditárias de fotossensibilidade, como a protoporfiria eritropoiética (PPE), e outros problemas de pele. Por esse motivo, o betacaroteno foi incorporado a uma variedade de produtos de uso tópico e interno destinados à proteção da pele. Na Europa, um dos usos mais populares dos suplementos de carotenoides (principalmente licopeno e betacaroteno) é a proteção da pele "de dentro para fora" durante os meses de verão, em que se toma sol.

Nas doses recomendadas, acredita-se que o betacaroteno seja bastante seguro, embora, como mencionado, pelo menos dois grandes estudos tenham demonstrado que altas doses de betacaroteno (20-50 mg por dia) podem aumentar o risco de doenças cardíacas e câncer em fumantes. Outros efeitos colaterais relatados de suplementos de betacaroteno em altas doses (100.000 UI ou 60 mg por dia) incluem náusea, diarreia e uma coloração alaranjada na pele, especialmente nas mãos e nos pés, que desaparece com doses menores. A maneira mais segura de obter betacaroteno e outros carotenoides é consumindo uma grande variedade de frutas e vegetais.

Se você optar por tomar betacaroteno na forma de suplementos, eles são relativamente baratos e estão amplamente disponíveis. Esses produtos contêm fontes sintéticas e naturais de betacaroteno. As formas naturais geralmente vêm de algas (*Dunaliella salina*), fungos (*Blakeslea trispora*) ou óleo de palma. No que se refere à conversão em vitamina A, a forma "trans" do betacaroteno tem a taxa de conversão máxima. Quase todo betacaroteno sintético vem na forma "trans" (98%), enquanto as fontes naturais variam na forma de betacaroteno que fornecem (as diferentes formas são conhecidas como isômeros). Entre as formas naturais de betacaroteno, a forma fúngica fornece a maior concentração de betacaroteno trans (94%), seguida pelas fontes de algas (64%) e de óleo de palma (34%) – portanto, do ponto de vista da conversão de vitamina A, a forma sintética ou a forma fúngica de betacaroteno fornecerá a maior conversão em vitamina A ativa. No entanto, do ponto de vista dos carotenoides "mistos", o betacaroteno derivado de algas também fornece o isômero "cis" do betacaroteno (cerca de 31%), bem como alfa-caroteno (3-4%) e outros carotenoides (1-2%). O betacaroteno derivado do óleo de palma fornece a mistura mais equilibrada de isômeros de carotenoides (34% trans-beta, 27% cis-beta, 30% alfa e 9% outros carotenoides), mas também tem a menor conversão de vitamina A, pois fornece apenas 34% na forma trans.

Três miligramas de betacaroteno fornecem 5.000 UI de vitamina A. Embora os suplementos de betacaroteno estejam comumente disponíveis em doses de 25.000 UI (15 mg) por dia, e muitas pessoas consumam até 100.000 UI (60 mg) por dia, o estado atual da literatura científica não apoia doses de betacaroteno muito superiores aos níveis recomendados para o fornecimento de precursores da vitamina A (cerca de 5.000-10.000 UI por dia de betacaroteno, ou 3-6 mg).

CHÁ VERDE (*CAMELLIA SINENSIS*)

O chá verde é a segunda bebida mais consumida no mundo (a água é a primeira) e tem sido usado de forma medicinal há séculos na Índia e na China. O chá verde é preparado colhendo-se as folhas, cozinhando-as levemente no vapor e deixando-as secar. O chá preto, o tipo de chá mais popular nos Estados Unidos, é feito deixando-se as folhas fermentarem antes da secagem. Em virtude das diferenças no processo de fermentação, uma parte dos compostos ativos da planta é destruída no chá preto, mas esses compostos permanecem ativos no chá verde. Os componentes ativos do chá verde são uma família de polifenóis (catequinas) e flavonóis que têm uma potente atividade antioxidante. Os taninos, grandes moléculas de polifenóis, formam a maior parte dos compostos ativos do chá verde, com as catequinas representando quase 90%. Várias catequinas estão presentes em quantidades significativas: epicatequina (EC), epigalocatequina (EGC), galato de epicatequina (ECG) e galato de epigalocatequina (EGCG). A EGCG representa cerca de 10-50% do conteúdo total de catequinas e parece ser a mais potente das catequinas; sua atividade antioxidante é cerca de 25-100 vezes mais potente do que a das vitaminas C e E. Uma xícara de chá verde pode fornecer de 10-40 mg de polifenóis e tem atividade antioxidante maior do que uma porção de brócolis, espinafre, cenoura ou morango. Vários extratos comerciais de chá verde são padronizados quanto ao teor total de polifenóis e/ou EGCG.

A partir de descobertas laboratoriais, fica claro que o chá verde é um antioxidante eficaz, que oferece proteção contra danos ao DNA induzidos experimentalmente e que pode retardar ou interromper o início e a progressão do crescimento de tumores cancerígenos. Vários estudos epidemiológicos mostram uma associação entre o consumo de flavonoides totais na dieta e a redução do risco de câncer e doenças cardíacas. Homens com maior consumo de flavonoides de frutas e vegetais têm aproximadamente metade do risco de doenças cardíacas e câncer em comparação com aqueles com menor consumo. A principal catequina do chá verde, a EGCG, parece inibir o crescimento de células cancerígenas e desempenhar papel na estimulação da apoptose (morte celular programada), ambos aspectos cruciais da prevenção do câncer.

O consumo de até vinte xícaras de chá verde por dia não foi associado a nenhum efeito colateral significativo. Em altas doses, os chás que contêm cafeína podem causar inquietação, insônia e taquicardia. Existem versões descafeinadas de chá verde e extratos de chá verde, mas, em razão das diferenças nos métodos de extração da cafeína, as quantidades de compostos fenólicos/catequina podem variar entre os extratos. Certifique-se de escolher um extrato que seja descafeinado e padronizado quanto ao conteúdo total de polifenóis e/ou concentrações de catequinas. Além disso, as pessoas que tomam aspirina ou outros medicamentos anticoagulantes (inclusive vitamina E e *ginkgo biloba*) diariamente devem estar cientes da possível inibição da agregação plaquetária (coagulação do sangue) associada ao chá verde. Em alguns casos, o chá verde pode prolongar o tempo de sangramento.

As recomendações típicas de dosagem são de 125-500 mg/dia, de preferência de um extrato padronizado com pelo menos 40% de polifenóis (aproximadamente equivalente a quatro a dez xícaras de chá verde).

FLAVONOIDES/POLIFENÓIS

Os polifenóis são uma classe de fitoquímicos encontrados em altas concentrações no vinho, no chá, nas uvas e em uma grande variedade de outras plantas. Eles têm sido associados à prevenção de doenças cardíacas e câncer. Os compostos fenólicos são responsáveis pelos pigmentos de cores vivas de muitas frutas e vegetais; esses pigmentos protegem as plantas de doenças e da luz ultravioleta e ajudam a evitar danos às sementes até a germinação. Uma das classes de polifenóis mais importantes do ponto de vista nutricional, os flavonoides, é amplamente distribuída nos alimentos vegetais. Essa classe inclui os seguintes fitoquímicos:

- Lignanas (nozes, cereais integrais)
- Proantocianinas (uvas, casca de pinheiro)
- Antocianinas/antocianidinas (frutas e vegetais de cores vivas, bagas)
- Isoflavonas: genisteína/daidzeína (soja)
- Catequinas (chá, uvas, vinho)
- Taninos (chá, nozes)
- Quercetina (uvas, vinho, cebolas)
- Naringenina/hesperidina (frutas cítricas)

Os polifenóis, especialmente os flavonoides, estão entre os mais potentes antioxidantes vegetais. Eles podem formar complexos com metais reativos, como ferro, zinco e cobre, reduzindo sua absorção pelo organismo. À primeira vista, a redução da absorção de nutrientes pode parecer um efeito colateral negativo, mas os níveis excessivos desses elementos (cátions metálicos) no organismo podem promover a geração de radicais livres e contribuir para o dano oxidativo das membranas celulares e do DNA celular. Além de seu efeito quelante sobre os cátions metálicos, os polifenóis também funcionam como potentes eliminadores de radicais livres no organismo, neutralizando-os antes que possam causar danos celulares.

Estudos epidemiológicos demonstraram uma relação entre a alta ingestão de fenólicos na dieta e a redução do risco de doenças cardiovasculares e câncer. Sem dúvida, você já ouviu falar do "paradoxo francês", segundo o qual o consumo regular e moderado de vinho tinto, que é rico em polifenóis, está associado a baixas taxas de doença arterial coronariana, uma condição oxidativa e inflamatória. Em geral, acredita-se que os polifenóis (flavonoides) proporcionam benefícios à saúde por meio de vários mecanismos, incluindo: (1) extinção direta de radicais livres, (2) proteção e regeneração de outros antioxidantes da dieta (por exemplo, vitamina E), (3) quelação de íons metálicos e (4) efeito anti-inflamatório generalizado.

Não são evidentes efeitos colaterais significativos do consumo regular de suplementos dietéticos contendo polifenóis ou flavonoides. As frutas e os vegetais podem variar significativamente no conteúdo total de polifenóis, dependendo da parte da planta utilizada, dos métodos de cultivo e colheita, do grau de maturação, das condições de armazenamento e dos métodos de processamento. Seguir as recomendações dietéticas de cinco ou mais porções diárias de frutas e vegetais resultaria em uma ingestão total de flavonoides de cerca de 150-300 mg por dia. A ingestão de suplementos deve estar nessa faixa; as recomendações específicas variam de acordo com o composto em questão (por exemplo, semente de uva, casca de pinheiro, chá verde etc.).

LICOPENO

O licopeno é um carotenoide (como o betacaroteno) responsável pela cor vermelha do tomate. Embora existam cerca de seiscentos carotenoides, o licopeno é a forma mais abundante encontrada na dieta dos EUA (o betacaroteno é o segundo). Mais de 80% do licopeno consumido nos Estados Unidos vem do molho de tomate, da pizza e do ketchup. O teor de licopeno dos tomates pode ser drasticamente influenciado durante o processo de amadurecimento, e grandes diferenças são observadas entre os vários tipos de tomates (por exemplo, as variedades vermelhas têm mais licopeno do que as amarelas). A biodisponibilidade do licopeno aumenta após o cozimento, de modo que os produtos processados à base de tomate, como ketchup, suco de tomate e molho para pizza, têm mais licopeno biodisponível do que os tomates frescos.

Como o licopeno é um potente antioxidante e parece inibir o crescimento de células cancerígenas, é lógico que uma maior ingestão desse carotenoide pode, de fato, estar associada à redução da incidência de câncer. Da mesma forma, sabe-se que o licopeno desempenha um papel, em conjunto com o betacaroteno, na proteção da pele contra os efeitos prejudiciais da radiação ultravioleta.

A teoria por trás dos benefícios do licopeno na prevenção do câncer é lógica. De fato, vários estudos epidemiológicos demonstraram que o consumo de alimentos ricos em licopeno está associado a taxas mais baixas de câncer de próstata. Além disso, os níveis plasmáticos de licopeno são reduzidos em cerca de 40-50% em fumantes, cujos pulmões são expostos a um alto grau de dano oxidativo. Foi demonstrado que suplementos dietéticos contendo 20-40 mg de licopeno reduzem os danos ao DNA nos glóbulos brancos – o que provavelmente se deve à redução dos danos oxidativos ao DNA e às lipoproteínas. Como antioxidante, o licopeno é duas vezes mais eficaz que o betacaroteno na proteção dos glóbulos brancos contra danos à membrana causados por radicais livres.

Não há efeitos colaterais adversos significativos associados ao consumo regular de níveis suplementares de licopeno, mas, pela controvérsia em torno de altas doses de betacaroteno suplementar (que parece aumentar o risco de câncer de pulmão; veja anteriormente), as doses de licopeno devem permanecer na faixa de níveis que podem ser obtidos com uma dieta rica em produtos à base de tomate (20-40 mg/dia).

LUTEÍNA/ZEAXANTINA

A luteína e a zeaxantina são carotenoides encontrados em maior concentração na região macular do olho (a parte posterior do globo ocular, onde se localiza a retina), onde se acredita que ajudem a filtrar a luz azul prejudicial e a evitar danos causados por radicais livres às delicadas estruturas ali localizadas. Sabe-se que esses carotenoides também se concentram na pele, onde podem proteger o colágeno e a elastina da mesma radiação UV que bombardeia os olhos. Qualquer pessoa que passe algum tempo exposta ao sol deve se preocupar com o potencial da radiação ultravioleta de danificar as estruturas delicadas dos olhos e da pele, mas os antioxidantes podem oferecer alguma proteção contra essa fonte de destruição oxidativa.

A luteína e a zeaxantina são pigmentos amarelos encontrados em altas concentrações em gemas de ovos, frutas e vegetais amarelos e vegetais de folhas verde-escuras. Em especial, o espinafre, a couve e a couve-galega contêm altos níveis desses dois carotenoides – tão altos que as pessoas que consomem grandes quantidades de espinafre reduzem em quase 90% o risco de desenvolver degeneração macular relacionada à idade (DMRI).

Tanto a luteína quanto a zeaxantina parecem reduzir o dano oxidativo e proteger os tecidos por meio de um processo de duas etapas. Primeiro, esses dois carotenoides são absorvidos da dieta para a corrente sanguínea e, por fim, acabam se concentrando especificamente nos olhos e na pele. Em seguida, conforme mencionado, os altos níveis desses carotenoides nesses tecidos servem para proteger os tecidos, minimizando os danos causados pelos radicais livres e absorvendo os raios nocivos da luz azul.

A maioria dos estudos sobre a luteína e a zeaxantina foi realizada em pacientes com problemas oculares, mas os mesmos mecanismos atuam em sua pele. Vários estudos observacionais demonstraram que a alta ingestão de luteína e zeaxantina na dieta (de espinafre, brócolis e ovos) está associada a uma redução significativa do risco de catarata (até 20%) e de DMRI (até 40%). Um estudo demonstrou que a suplementação dietética com luteína (30 mg/dia por 140 dias) eleva os níveis séricos de luteína em dez vezes, aumenta a densidade do pigmento macular em 20-40% e reduz a transmissão de luz azul para os fotorreceptores do olho em 30-40%. Outro estudo demonstrou que o consumo diário de gema de ovo pode aumentar os níveis plasmáticos de luteína em 28-50% e os níveis de zeaxantina em 114-142%. Um estudo clínico multicêntrico (Eye Disease Case-Control Study) comparou 356 pacientes com DMRI avançada, com idades entre 55 e 80 anos, a 520 indivíduos de controle. Os pesquisadores descobriram que o risco de DMRI foi reduzido em mais de 40% com uma alta ingestão de carotenoides na dieta. Em particular, tanto a luteína quanto a zeaxantina foram fortemente associadas a um risco reduzido de desenvolvimento de degeneração macular.

Não há efeitos colaterais adversos conhecidos associados aos suplementos dietéticos que contêm luteína ou zeaxantina, quando usados nos níveis recomendados. A maioria dos suplementos deve ser tomada com uma refeição, para diminuir a chance de causar dores estomacais e para aumentar sua digestão e absorção (biodisponibilidade).

As dietas que fornecem cerca de 6 mg de luteína por dia podem reduzir o dano oxidativo ao olho e a prevalência de DMRI quase pela metade.

Comer mais dos alimentos ricos em carotenoides já mencionados deve ser a primeira etapa para aumentar a ingestão de luteína. Infelizmente, pesquisas recentes sobre dieta indicaram que o consumo desses alimentos é insuficiente nos dois grupos com maior risco de DMRI: mulheres e idosos. Como muitos carotenoides são eliminados rapidamente do organismo, talvez seja interessante dividir a ingestão diária de luteína e zeaxantina em duas doses: 3 mg no café da manhã e 3 mg no jantar.

GOTU KOLA (*CENTELLA ASIATICA*)

Na Índia e na Indonésia, a *gotu kola* tem um longo histórico de uso para promover a cicatrização de feridas e tratar doenças de pele. Na Europa, os extratos são prescritos por médicos para o tratamento de defeitos na cicatrização de feridas. A *gotu kola* não deve ser confundida com a noz de cola, que não tem nenhuma relação e é frequentemente usada em suplementos dietéticos como fonte "natural" de cafeína.

A *gotu kola* contém uma mistura de compostos, incluindo pelo menos três triterpenos (ácido asiático, ácido madecássico e asiaticosídeo) que parecem ter benefícios antioxidantes e a capacidade de estimular a síntese de colágeno para a regeneração dos tecidos.

Talvez a melhor indicação para a *gotu kola* seja sua capacidade de melhorar os sintomas das veias varicosas (que são causadas por um defeito na renovação do colágeno) e, principalmente, os sintomas de desconforto geral, cansaço e inchaço. Em estudos com seres humanos, o extrato de *gotu kola* (30-180 mg/dia por quatro semanas) leva a melhorias em várias medidas da função das veias (inchaço dos pés, edema do tornozelo e vazamento de fluido das veias – tudo isso indica um ciclo mais robusto de síntese e reparo de colágeno) em comparação com o placebo.

A *gotu kola* parece ter um efeito benéfico geral sobre os tecidos conjuntivos, onde pode melhorar a estrutura e a função do tecido no corpo, mantendo as veias mais fortes e também possivelmente reduzindo os sintomas de outras doenças do tecido conjuntivo. Em um estudo com animais, o ácido asiático e o asiaticosídeo foram os mais ativos dos três triterpenos, mas todos os três foram eficazes na estimulação da síntese de colágeno e de glicosaminoglicanos. A lesão por radiação na pele de ratos pode ser reduzida pelo tratamento com madecassol, um dos compostos triterpênicos da *gotu kola*, sugerindo regeneração da pele e atividade anti-inflamatória.

A atividade do asiaticosídeo foi estudada na cicatrização de feridas normais e do tipo retardado. Em um estudo com animais (feridas perfuradas em cobaias), as aplicações tópicas de asiaticosídeo (solução a 0,2%) produziram um aumento de 56% na hidroxiprolina e um aumento de 57% na resistência à tração, maior conteúdo de colágeno e melhor epitelização. Em ratos diabéticos, nos quais a cicatrização é retardada, a aplicação tópica de uma solução de asiaticosídeo a 0,4% sobre feridas de punção aumentou o conteúdo de hidroxiprolina, a resistência à tração, o conteúdo de colágeno e a epitelização, facilitando assim a cicatrização. Em cada um desses estudos, o asiaticosídeo também se mostrou ativo por via oral (na dose de 1 mg/kg de peso corporal), sugerindo que a *gotu kola* pode funcionar estimulando a síntese de colágeno e aumentando a força do tecido conjuntivo.

Outros estudos indicaram que o asiaticosídeo tem um efeito antioxidante. Quando aplicado de modo tópico (solução de 0,2%) duas vezes ao dia por sete dias em feridas cutâneas em ratos, os resultados mostram um aumento nos antioxidantes enzimáticos e não enzimáticos em tecidos recém-formados, a saber, superóxido dismutase (35%), catalase (67%), glutationa peroxidase (49%), vitamina E (77%) e ácido ascórbico (36%). Também resulta em uma redução de várias vezes nos níveis de peróxido lipídico (69%), conforme medido em relação à substância reativa ao ácido tiobarbitúrico (TBARS). Esse aumento dos níveis de antioxidantes em um estágio inicial de cura pode ser um importante fator contribuinte para as propriedades curativas da *gotu kola*.

Quando ingerida por via oral, a *gotu kola* parece não ser tóxica e raramente causa efeitos colaterais, embora haja alguma evidência baseada em observações de que a erva possa resultar em níveis elevados de açúcar no sangue, um efeito que pode ser preocupante para pessoas com diabetes.

As recomendações típicas de dosagem para *gotu kola* estão na faixa de 60-180 mg/dia, geralmente consumidas em doses divididas (20-60 mg três vezes ao dia por pelo menos quatro semanas). É importante procurar um extrato padronizado que contenha compostos triterpênicos – normalmente de 30-40% e incluindo asiaticosídeo, ácido asiático, ácido madecássico e madecassosídeo. Esses compostos geralmente ocorrem em apenas 1-4% na erva inteira.

CAPÍTULO 8

SUPLEMENTOS PARA O CONTROLE DOS PFGA

Quando a maioria das pessoas pensa em controlar o açúcar no sangue, automaticamente pensa em diabetes, uma doença crônica que afeta cerca de vinte milhões de americanos. Há pelo menos o dobro desse número – mais de quarenta milhões de americanos – que têm o que pode ser chamado de "pré-diabetes", um controle disfuncional ou abaixo do ideal do açúcar no sangue. A maioria dessas pessoas não tem consciência alguma de que seus níveis de açúcar no sangue estão flutuando descontroladamente ao longo do dia, mas sentem de forma clara os efeitos no que se refere a fadiga, problemas de concentração, fome constante, ganho de peso e, sim, envelhecimento acelerado da pele (principalmente por meio da glicação, mas também por meio da oxidação e da inflamação).

O controle do açúcar no sangue – e a glicação excessiva que pode resultar de um controle inadequado – pode se beneficiar muito de vários dos suplementos dietéticos descritos a seguir.

CROMO

O cromo é um mineral essencial para a função normal da insulina (a insulina é o hormônio que faz com que o açúcar no sangue, ou glicose, seja absorvido pelas células para ser metabolizado pelo organismo). Estudos dietéticos indicam que a maioria das pessoas nos Estados Unidos e em outros países industrializados não consome cromo em quantidade suficiente, e as deficiências parecem ser ainda mais comuns em pessoas com diabetes e problemas de controle de açúcar no sangue. O cromo é um micromineral essencial que auxilia no metabolismo da glicose, na regulação dos níveis de insulina e na manutenção de níveis saudáveis de colesterol e outros lipídios no sangue. O cromo faz parte de um composto no corpo conhecido como fator de tolerância à glicose (FTG), que está envolvido na regulação das ações da insulina na manutenção dos níveis de açúcar no sangue e, possivelmente, no auxílio ao controle do apetite. As fontes alimentares de cromo incluem levedura de cerveja, cereais integrais, brócolis, ameixas secas, cogumelos e cerveja.

Sabe-se que a deficiência de cromo leva à intolerância à glicose e à resistência à insulina, sintomas comumente encontrados em pessoas com diabetes. Como o cromo ajuda a regular as ações da insulina (como constituinte do fator de tolerância à glicose), os suplementos de cromo podem ajudar a apoiar as diversas funções da insulina no organismo, como a manutenção dos níveis de açúcar no sangue.

Muitos estudos clínicos apoiam os benefícios e a segurança da suplementação de cromo para normalizar o açúcar no sangue. O cromo suplementar pode reduzir os níveis de insulina no sangue, melhorar a tolerância à glicose e diminuir os níveis sistêmicos de glicação. Especialistas do Departamento de Agricultura dos EUA no Beltsville Human Nutrition Research Center, em Maryland, recomendam a suplementação de cromo em quantidades diárias de 200-1.000 mcg (microgramas) para o controle ideal do açúcar no sangue. Estudos clínicos mostram que as formas inorgânicas de cromo, como o cloreto de cromo, não são tão eficazes quanto as formas orgânicas ou queladas, como o polinicotinato de cromo, o picolinato, o quelato de glicina-niacina, o cromo FTG e a levedura de cromo.

VANÁDIO

O vanádio é outro oligoelemento envolvido na promoção da função normal da insulina. Uma dieta normal geralmente fornece cerca de 10-30 mcg de vanádio por dia. Embora atualmente não exista uma IDR estabelecida, essa quantidade parece ser adequada para a maioria dos adultos saudáveis. As formas suplementares de vanádio são geralmente as de vanadil ou vanadato. Acredita-se que o vanádio desempenhe um papel no metabolismo dos carboidratos e possa ter funções no metabolismo do colesterol e dos lipídios do sangue. Em diabéticos, os suplementos de vanádio podem ter um efeito positivo na regulação dos níveis de glicose. As fontes alimentares de vanádio incluem frutos do mar, cogumelos, alguns cereais e soja.

Acredita-se que o vanádio ou sua forma suplementar mais comum, o sulfato de vanadila, imite os efeitos fisiológicos da insulina por meio de um mecanismo que ainda não está claro. Por meio desse efeito mimético da insulina, acredita-se que o vanádio promova a síntese de glicogênio e mantenha os níveis de glicose. Foi demonstrado que os suplementos de sulfato de vanadila normalizam os níveis de glicose e reduzem os níveis de hemoglobina glicosilada, e podem reduzir os níveis de glicose em jejum em cerca de 20%.

Há poucas informações disponíveis sobre a toxicidade do vanádio. Tradicionalmente, o vanádio é considerado bastante seguro em humanos, devido à sua baixa absorção. Em um estudo de segurança, 100 mg de sulfato de vanadila (uma dose *enorme*) foram administrados a indivíduos diabéticos durante quatro semanas (50 mg duas vezes por dia). Setenta e cinco por cento dos indivíduos apresentaram efeitos colaterais gastrointestinais. Acredita-se que a exposição prolongada ao excesso de vanádio possa causar cãibras musculares, depressão emocional e danos ao sistema nervoso e a outros órgãos. Não há valor diário (VD) ou ingestão diária recomendada (IDR) para o vanádio, embora ele seja atualmente considerado um micromineral essencial. Acredita-se que suplementos de aproximadamente 10-30 mcg por dia satisfaçam as necessidades do corpo.

ZINCO

O zinco é um micromineral essencial para a função imunológica, a proteção antioxidante e a reprodução. Três em cada quatro pessoas não atingem a ingestão recomendada de zinco. A suplementação de zinco é especialmente importante para reduzir a glicação porque também promove a função normal da insulina. No entanto, para evitar interações indesejadas entre nutrientes, o zinco não deve ser suplementado em altas doses (acima de 45 mg por dia), e é melhor tomá-lo em equilíbrio com outros oligoelementos, como o cobre (2 mg de cobre para cada 15 mg de zinco).

ÁCIDO ALFA-LIPOICO

O ácido alfa-lipoico foi estabelecido por muitos estudos europeus e norte-americanos como um importante antioxidante *e* controlador de açúcar no sangue. Ele tem sido chamado de antioxidante "universal", pois reage com muitos radicais livres diferentes. A suplementação com ácido alfa-lipoico melhora a ação da insulina e pode reduzir ou reverter os danos oxidativos nos nervos causados por níveis elevados de açúcar no sangue. Em conjunto com outros antioxidantes, como a vitamina E, o ácido alfa-lipoico pode ser duplamente útil em pacientes com diabetes. Ao promover a produção de energia a partir de gordura e açúcar nas mitocôndrias, a remoção de glicose da corrente sanguínea pode ser aprimorada, e a função da insulina, melhorada.

De fato, foi demonstrado que o ácido alfa-lipoico diminui a resistência à insulina, e é prescrito com frequência na Europa como tratamento para neuropatia periférica (lesão nervosa) associada ao diabetes. Nos Estados Unidos, a American Diabetes Association sugeriu que o ácido alfa-lipoico mais a vitamina E podem ser úteis no combate a algumas das complicações de saúde associadas ao diabetes, incluindo doenças cardíacas, problemas de visão, danos aos nervos e doenças renais.

Embora tenham sido realizados relativamente poucos estudos com o ácido alfa-lipoico em seres humanos, ele parece ser seguro como suplemento dietético. Doses de até 600 mg/dia foram usadas no tratamento da neuropatia diabética, sem efeitos colaterais graves. A dose diária mais eficaz nesses estudos é de 300-600 mg/dia, mas uma dose de manutenção de 100 mg/dia pode ser mais apropriada para um suporte antioxidante mais geral e para a proteção dos nervos.

GYMNEMA SYLVESTRE

A *Gymnema sylvestre* é uma planta usada medicinalmente na Índia e no sudeste asiático para o tratamento da "urina doce", o que chamamos no Ocidente de diabetes ou hiperglicemia. Nos antigos textos indianos, a *Gymnema* é chamada de *gurmar*, que significa "matador de açúcar" em sânscrito. As folhas de *Gymnema*, sejam elas extraídas ou infundidas em um chá, suprimem a absorção de glicose e reduzem a sensação de doçura nos alimentos – efeitos que podem proporcionar importantes benefícios à saúde de pessoas que desejam reduzir seus níveis de açúcar no sangue.

As folhas da *Gymnema sylvestre* contêm ácidos gimnêmicos, conhecidos por suprimir o transporte de glicose do intestino para a corrente sanguínea, e uma pequena proteína, a *gurmar*, que pode interagir com receptores na língua para diminuir a sensação de doçura em muitos alimentos. Os métodos científicos modernos isolaram pelo menos nove frações diferentes de ácidos gimnêmicos que têm atividade hipoglicêmica. O efeito do extrato de *Gymnema* na redução dos níveis sanguíneos de glicose, colesterol e triglicerídeos é bastante gradual, geralmente levando de alguns dias a várias semanas. Doses muito altas de folhas secas de *Gymnema* podem até ajudar a reparar os danos celulares que causam (e são causados pela) exposição excessiva ao açúcar no sangue.

Diversos estudos em humanos realizados com a *Gymnema* para o tratamento de diabetes demonstraram uma redução significativa da glicemia, da hemoglobina glicosilada (um índice de controle de açúcar no sangue) e das necessidades de insulina (permitindo a redução da terapia com insulina). A *Gymnema* parece aumentar a eficácia da insulina, em vez de fazer com que o corpo produza mais, embora o mecanismo exato pelo qual isso ocorre permaneça desconhecido.

Nas doses típicas recomendadas (veja a seguir), os suplementos dietéticos que contêm *Gymnema* não estão associados a efeitos colaterais adversos significativos. Pode ocorrer um leve distúrbio gastrointestinal se a *Gymnema* for tomada com o estômago vazio, portanto recomenda-se o consumo com as refeições. No entanto, requer-se cautela com doses extremamente altas, que podem ter o potencial de induzir hipoglicemia (nível anormalmente baixo de açúcar no sangue) em indivíduos suscetíveis.

A maioria dos estudos em humanos foi conduzida em pacientes diabéticos e utilizou 400 mg de extrato de *Gymnema* por dia, em conjunto com medicamentos antidiabéticos orais convencionais, para diminuir a glicose no sangue e reduzir as necessidades de insulina. Em não diabéticos, doses menores podem ser eficazes para ajudar a controlar as flutuações de açúcar no sangue e de insulina.

FOLHA DE BANABA

A folha de banaba é uma planta medicinal que cresce na Índia, no sudeste da Ásia e nas Filipinas. Os usos tradicionais incluem a preparação de chá das folhas como tratamento para diabetes e hiperglicemia (elevado açúcar no sangue). O efeito hipoglicêmico (redução do açúcar no sangue) do extrato da folha de banaba é semelhante ao da insulina, que induz o transporte de glicose do sangue para as células.

O extrato da folha de banaba contém um composto triterpenoide conhecido como ácido corosólico, que atua na estimulação do transporte de glicose para as células. Dessa forma, a banaba desempenha papel na regulação dos níveis de glicose e insulina no sangue. Para algumas pessoas, as flutuações do açúcar e da insulina no sangue estão relacionadas ao apetite, à fome e a vários desejos por comida – especialmente desejos por carboidratos como pão e doces. Ao manter os níveis de açúcar no sangue e de insulina sob controle, a banaba pode ser um suplemento eficaz para controlar a glicação do colágeno e da elastina na pele.

As propriedades reguladoras de açúcar no sangue da banaba foram demonstradas em estudos de cultura de células, em animais e em humanos. Em células isoladas, o ingrediente ativo do extrato de banaba, o ácido corosólico, é conhecido por estimular a absorção de glicose. Em camundongos, ratos e coelhos diabéticos, a alimentação com banaba reduz os níveis elevados de açúcar no sangue e de insulina ao normal. Em humanos com diabetes tipo 2, o extrato de banaba, em uma dose de 16-48 mg por dia durante quatro a oito semanas, demonstrou ser eficaz na redução dos níveis de açúcar no sangue (redução de 5-30%) e na manutenção de um controle mais rígido das flutuações de açúcar no sangue.

Nas doses sugeridas, de 8-48 mg por dia, não são esperados efeitos colaterais adversos do extrato de banaba. No entanto, doses mais altas devem ser evitadas, para prevenir os possíveis efeitos hipoglicêmicos (dor de cabeça, tontura, fadiga) comumente associados a níveis extremamente baixos de glicose no sangue.

MELÃO-DE-SÃO-CAETANO (*MOMORDICA CHARANTIA*)

O melão-de-são-caetano (*Momordica charantia*) tem sido usado tradicionalmente na Ásia e na América do Sul como um remédio popular para diabetes e outras doenças. Vários pequenos estudos com diversos sucos e pós de melão-de-são-caetano indicam que ele pode reduzir o açúcar no sangue em pessoas diabéticas.

PANAX GINSENG (ASIÁTICO)

O *Panax ginseng* (asiático) tem sido usado como remédio popular na China e na Coreia há mais de mil anos. Além de seus efeitos no controle do cortisol como adaptógeno contra o estresse (consulte o Capítulo 6), vários estudos em animais mostram que o ginseng asiático pode reduzir o açúcar no sangue, melhorar a utilização da glicose e aumentar a produção de insulina. Um estudo clínico controlado por placebo mostrou que 100-200 mg de um extrato de ginseng asiático reduziram a glicosilação da hemoglobina e melhoraram a tolerância à glicose sem efeitos colaterais. A dosagem padrão é de 100-200 mg diários de extratos padronizados para 4-7% de ginsenosídeos.

FENO-GREGO

O feno-grego é uma especiaria bem conhecida que tem sido usada na Ásia e na África para tratar várias doenças, inclusive o diabetes. Os princípios ativos do feno-grego, que reduzem o açúcar no sangue, não foram totalmente elucidados, mas a fibra alimentar e as saponinas (que também são antioxidantes) podem contribuir. As sementes de feno-grego contêm uma alta proporção (40%) de uma fibra solúvel conhecida como mucilagem.

Essa fibra forma uma estrutura gelatinosa que pode ter efeitos na redução da velocidade de digestão e absorção de açúcar no intestino. Outros estudos sugerem que não é a fibra do feno-grego que é responsável por seus efeitos no controle do açúcar no sangue, mas, sim, um aminoácido extraído das sementes de feno-grego (4-hidroxi-isoleucina) que pode estimular a secreção de insulina (estimulação direta das células beta) e ajudar a controlar os níveis de açúcar no sangue.

CAPÍTULO 9

SUPLEMENTOS PARA O CONTROLE DOS EICOSANOIDES

Assim como em outras áreas em que podemos usar suplementos para "reequilibrar" determinados aspectos do metabolismo, o mesmo ocorre com os eicosanoides. Lembre-se dos capítulos anteriores que os eicosanoides são mensageiros celulares semelhantes a hormônios que podem ser de natureza pró-inflamatória ou anti-inflamatória. Com a simples ingestão de mais gorduras do tipo certo (ômega-3 anti-inflamatório) e menos do tipo errado (ômega-6 pró-inflamatório), alteramos o equilíbrio entre os eicosanoides "ruins" e os "bons" e, com isso, reduzimos os níveis gerais de inflamação em todo o corpo.

ÁCIDOS GRAXOS ESSENCIAIS

O termo "ácidos graxos essenciais" refere-se a dois ácidos graxos, o ácido linoleico e o ácido linolênico, que nosso corpo não consegue sintetizar e, portanto, devem ser consumidos na dieta (as vitaminas e os minerais também são chamados de "essenciais", porque o corpo humano não consegue produzi-los e, portanto, precisa consumi-los). Esses ácidos graxos essenciais são necessários para a produção de compostos conhecidos como eicosanoides, que ajudam a regular a inflamação, a coagulação do sangue, a pressão arterial, a frequência cardíaca, a resposta imunológica e uma grande variedade de outros processos biológicos.

O ácido linoleico é um ácido graxo poli-insaturado com dezoito átomos de carbono e duas ligações duplas. É considerado um ácido graxo "ômega-6" ou "n-6", porque a primeira de suas ligações duplas ocorre no sexto carbono a partir da extremidade ômega. Também é chamado de C18:2n6 (que significa dezoito carbonos, duas ligações duplas, com a primeira ligação dupla na posição n-6). É encontrado em óleos vegetais e de nozes, como óleo de girassol, cártamo, milho, soja e amendoim. A maioria dos americanos obtém níveis adequados desses óleos ômega-6 em suas dietas, em virtude do alto consumo de margarina, molhos para salada e maionese à base de óleo vegetal.

O ácido linolênico, ou ácido alfa-linolênico, também é um ácido graxo poli-insaturado de dezoito carbonos, mas é classificado como um ácido graxo "ômega-3" ou "n-3", porque sua primeira ligação dupla (de três) está localizada no terceiro carbono a partir da extremidade ômega. Também é conhecido como C18:3n3 (que significa dezoito carbonos, três ligações duplas, com a primeira ligação dupla na posição n-3). Boas fontes dietéticas de ácido linolênico são o óleo de linhaça (51% de ácido linolênico), o óleo de soja (7%), as nozes (7%) e o óleo de canola (9%), bem como a margarina derivada do óleo de canola. Por exemplo, uma colher de sopa de óleo de canola ou margarina de óleo de canola fornece cerca de 1 grama de ácido linolênico.

Se você pensar no tipo original de dieta que os primeiros seres humanos utilizavam para sobreviver – a chamada dieta do homem das cavernas –, ela proporcionava uma mistura muito mais equilibrada de ácidos graxos n-3 e n-6. No último século, as dietas modernas passaram a depender muito de gorduras derivadas de óleos vegetais (n-6), elevando a proporção de ácidos graxos n-6 para n-3 da proporção do homem das cavernas de cerca de 1:1 para a faixa atual de 20-30:1. A ingestão desequilibrada de ácidos graxos n-6 (alta) em relação aos ácidos graxos n-3 (baixa) prepara o cenário para o aumento da viscosidade do sangue (e a tendência de coagulação do sangue), vasoconstrição (e pressão arterial elevada) e processos inflamatórios (envolvidos em tudo, desde a saúde do coração até os níveis de dor). Caramba!

No entanto, os ácidos graxos da variedade n-3 têm efeitos biológicos opostos aos dos ácidos graxos n-6, o que significa que uma maior ingestão de óleos n-3 pode proporcionar efeitos anti-inflamatórios, antitrombóticos (prevenção de coágulos) e vasodilatadores (redução da pressão arterial) que podem trazer benefícios relativamente a doenças cardíacas, hipertensão, diabetes e uma ampla variedade de doenças inflamatórias, como artrite reumatoide e colite ulcerativa.

No organismo, o ácido linoleico (n-6) é metabolizado em ácido araquidônico, um precursor de eicosanoides "ruins" específicos que podem promover vasoconstrição e aumento da pressão arterial. O ácido linolênico (n-3), entretanto, é metabolizado no corpo em EPA (ácido eicosapentaenoico) e DHA (ácido docosa-hexaenoico). O EPA serve como precursor da prostaglandina E3, que pode ter propriedades vasodilatadoras nos vasos sanguíneos, efeitos que podem neutralizar a vasoconstrição causada pelos ácidos graxos n-6. O DHA tem sido associado ao desenvolvimento ideal do cérebro em bebês.

Estudos recentes demonstraram que o consumo de ácido linolênico e de outros ácidos graxos n-3 oferece amplos benefícios anti-inflamatórios. Acredita-se que esse efeito seja mediado pela síntese de EPA e DHA. Os óleos de peixe contêm grandes quantidades de EPA e DHA, e a maioria dos estudos nessa área utilizou várias concentrações de suplementos de óleo de peixe para demonstrar os benefícios à saúde desses ácidos graxos essenciais. Por exemplo, 1 grama de óleo de savelha (uma fonte comum) fornece cerca de 300 mg desses ácidos graxos. Sabe-se que o EPA induz um efeito antitrombótico (que evita a formação de coágulos) por meio da inibição da ciclo-oxigenase plaquetária (que converte o ácido araquidônico em tromboxano A2, dois compostos altamente inflamatórios) e das plaquetas "menos pegajosas" resultantes. O óleo de peixe, com seu alto teor de

EPA e DHA, também pode proteger contra doenças cardíacas por meio de um efeito anti-inflamatório (via redução da produção de citocinas e/ ou aumento da produção de óxido nítrico no endotélio).

Há também algumas evidências de que os ácidos graxos ômega-3 do óleo de peixe e da linhaça podem ajudar a melhorar a sensibilidade à insulina (reduzindo, assim, a glicação) e a reduzir a percepção do estresse (diminuindo, assim, a exposição ao cortisol). Um recente comitê consultivo científico de especialistas do National Institutes of Health destacou a importância de uma ingestão equilibrada de ácidos graxos n-6 e n-3 para reduzir os efeitos adversos do ácido araquidônico elevado (inflamatório), um produto metabólico do metabolismo n-6. O comitê recomendou uma redução na ingestão de ácidos graxos n-6 (ácido linoleico) e um aumento na ingestão de n-3 (ácido linolênico, DHA, EPA).

Nenhum efeito colateral adverso grave deve ser esperado do consumo regular de suplementos de ácidos graxos essenciais, seja de óleo de peixe, seja de outros suplementos de óleo comuns (veja a seguir). Em razão da tendência dos ácidos graxos n-3 a reduzir a agregação plaquetária (ou seja, "afinar" o sangue), pode ocorrer aumento do tempo de sangramento em alguns indivíduos.

As melhores fontes dietéticas de ácidos graxos ômega-3 são os peixes como truta, atum, salmão, cavala, arenque e sardinha, que contêm cerca de 1-2 gramas de óleos n-3 por porção de 90 ou 120 gramas. Recomenda-se um mínimo de 4-5 gramas de ácido linoleico (mas não mais do que 6-7 gramas) e 2-3 gramas de ácido linolênico por dia. Os suplementos de ácido linoleico (n-6) normalmente não são necessários, enquanto os suplementos de ácido linolênico (n-3) (4-10 g/dia) e/ ou suplementos concentrados de EPA/DHA (400-1.000 mg/dia) são recomendados para apoiar a saúde cardiovascular. A ingestão total de DHA/EPA deve se aproximar de cerca de 1 grama por dia, dividida igualmente entre as duas fontes.

A fonte suplementar mais comum de ácidos graxos essenciais é o óleo de peixe – uma boa fonte de ácidos graxos ômega-3. Outros óleos, como os de linhaça, semente de borragem e prímula, são fontes ricas de ácidos graxos essenciais, mas normalmente não fornecem os altos níveis de EPA/DHA concentrados encontrados em muitos suplementos de óleo de peixe. Os suplementos de óleo de peixe da mais alta qualidade devem fornecer de 18-30% de EPA e de 12-20% de DHA. Quanto maior o teor de EPA/DHA, melhor (mas também mais caro).

ÓLEO DE PRÍMULA

O óleo de prímula (EPO, do inglês *evening primrose oil*) é mais comumente usado para aliviar condições inflamatórias associadas à saúde da mulher, por exemplo, síndrome pré-menstrual, seios fibrocísticos e sintomas da menopausa, como ondas de calor.

Sessenta a oitenta por cento do óleo de prímula é o ácido linoleico, um ácido graxo essencial. O ácido gama-linoleico (GLA) é sintetizado pelo organismo a partir do ácido linoleico e compreende de 8-14% do óleo. O GLA é um precursor da prostaglandina E1 (PGE1), cuja deficiência foi documentada em algumas mulheres com síndrome pré-menstrual (TPM, tensão pré-menstrual) e dor cíclica nos seios. Como a diminuição dos níveis de PGE1 pode aumentar o efeito indutor de dor do hormônio prolactina no tecido mamário, acredita-se que essa possa ser a principal causa de muitos dos sintomas associados à TPM.

Além de suas aplicações para efeitos prejudiciais específicos do ciclo menstrual, prevalecem teorias para usos não relacionados ao gênero do óleo de prímula. A PGE1 tem propriedades benéficas anti-inflamatórias, antiplaquetárias e vasodilatadoras. Como se afirma que os ácidos graxos essenciais têm efeitos positivos sobre determinadas doenças de pele, a suplementação com óleo de prímula também poderia aliviar o eczema e a dermatite. Em um estudo cruzado (*crossover*) duplo-cego com homens que tomaram apenas óleo de peixe ou óleo de peixe mais óleo de prímula, a combinação levou a uma redução significativa de 12% nos marcadores aterogênicos (relacionados à deterioração das paredes das artérias) e inflamatórios, enquanto o óleo de peixe sozinho levou a uma redução de 6% nos mesmos marcadores. Por fim, foi demonstrado que o óleo de prímula reduz a agregação plaquetária e as placas ateroscleróticas, ambas associadas a vias inflamatórias.

O óleo de prímula parece ser bastante seguro. Como dificulta a agregação plaquetária, os suplementos de EPO podem afinar o sangue e aumentar o efeito anticoagulante de medicamentos como a warfarina. A dose mais comum de óleo de prímula é de 1-4 gramas por dia de uma preparação que contenha aproximadamente 10% de GLA.

ÓLEO DE BORRAGEM

As sementes de borragem são uma fonte rica de ácido gama-linolênico (GLA), cujas propriedades medicinais foram demonstradas em áreas como atividade anti-inflamatória, modulação do sistema imunológico e tratamento de eczema atópico (proliferação excessiva de células da pele), e outras doenças de pele.

O óleo de semente de borragem normalmente contém de 20-30% de GLA, um ácido graxo poli-insaturado natural da série ômega-6 (o GLA também pode ser encontrado no óleo de prímula e no óleo de cassis). O GLA favorece a formação de precursores anti-inflamatórios e anticoagulantes. Especificamente, o GLA é transformado no corpo humano como ácido di-homo gama linolênico (DGLA), que leva à formação de prostaglandinas da série 1 (PG1), em vez da formação de prostaglandinas da série 2 (PG2). As PG2 têm propriedades pró-inflamatórias e de coagulação. O DGLA também suprime a formação de leucotrienos da série 4, que também são pró-inflamatórios.

Estudos demonstraram que indivíduos com artrite reumatoide ativa, uma doença inflamatória, apresentaram melhora em seus sintomas quando receberam entre 322-1.960 mg diários de GLA na forma de suplemento de óleo de borragem por seis meses. Em outro estudo, um subgrupo de uma amostra maior de população experimentou algum alívio do eczema atópico ao tomar 345 mg de GLA (1.500 mg de óleo de borragem) por 24 semanas. Outros estudos em humanos e em animais demonstraram o efeito positivo da suplementação de GLA na estimulação de glóbulos brancos e na promoção de metabólitos anti-inflamatórios.

O óleo de semente de borragem é geralmente considerado seguro. O frescor do óleo é importante. O óleo contém uma quantidade significativa de ácidos graxos poli-insaturados (ou seja, GLA, ácido alfa-linoleico etc.), que podem ser danificados na presença de oxigênio (oxidação) e luz UV. Nessas condições, o óleo ficaria com gosto forte e malcheiroso (rançoso). A presença de vitamina E (um antioxidante) de ocorrência natural pode ser encontrada no óleo. A mistura de quantidades adicionais de vitamina E ou outros antioxidantes, como vitamina C ou alecrim, ajuda a manter o óleo mais estável. O óleo de semente de borragem deve ser mantido refrigerado para retardar o processo oxidativo. As doses recomendadas de GLA variam de 100-300 mg por dia (uma colher de sopa do óleo ou de uma a três cápsulas gelatinosas por dia). Pode haver variações entre as diferentes marcas, com base na extensão da extração do óleo da semente.

BOSWELLIA SERRATA

A planta *Boswellia* produz uma seiva que tem sido usada na medicina tradicional indiana como tratamento para artrite e condições inflamatórias. Os principais compostos que se acredita serem responsáveis pela atividade anti-inflamatória da *Boswellia* são conhecidos como ácidos boswélicos, que interferem nas enzimas que contribuem para a inflamação e a dor.

A planta tem um longo histórico de uso seguro e eficaz como anti-inflamatório leve para reduzir a dor e a rigidez e promover maior mobilidade. Ela não apresenta muitos dos efeitos colaterais gastrointestinais comumente relatados por medicamentos anti-inflamatórios sintéticos. Diversos estudos demonstraram que os ácidos boswélicos podem ter atividade anti-inflamatória pelo menos tão potente quanto os medicamentos comuns de venda livre, como o ibuprofeno e a aspirina. Em um estudo de pacientes com artrite reumatoide, a dor e o inchaço foram reduzidos após três meses de uso da *Boswellia*. Embora não haja relatos de efeitos colaterais adversos graves decorrentes do uso da *Boswellia*, em alguns casos ela pode estar associada a distúrbios gastrointestinais leves (azia, gosto residual e náusea), portanto, deve ser tomada com alimentos.

A dose típica recomendada de *Boswellia* é de 400-1.200 mg por dia de um extrato padronizado para conter aproximadamente 30-65% de ácidos boswélicos. O extrato deve ser consumido em doses divididas de 100-400 mg cada, por aproximadamente dois a três meses, para redução da dor e melhora da mobilidade.

BROMELAÍNA E PAPAÍNA

"Proteolítico" é um termo genérico que se refere a enzimas que digerem proteínas. As formas suplementares podem incorporar qualquer uma de uma ampla variedade de enzimas, incluindo tripsina, quimotripsina, pancreatina, bromelaína, papaína e uma série de proteases fúngicas. No corpo, as enzimas digestivas proteolíticas são produzidas no pâncreas, mas as formas suplementares podem vir de fontes fúngicas ou bacterianas, extração de plantas (como a papaína do mamão e a bromelaína do abacaxi), ou extração do pâncreas de animais de criação (tripsina/quimotripsina). Os principais usos das enzimas proteolíticas em suplementos dietéticos são como enzimas digestivas, agentes anti-inflamatórios e analgésicos.

Talvez a evidência mais forte dos benefícios dos suplementos de enzimas proteolíticas venha de numerosos estudos europeus que demonstram que várias misturas de enzimas são eficazes para acelerar a recuperação de exercícios e lesões em atletas, além de melhorar o reparo de tecidos em pacientes após cirurgias. Em um estudo com jogadores de futebol que sofreram lesões no tornozelo, os suplementos de enzimas proteolíticas aceleraram a cicatrização e fizeram com que os jogadores voltassem ao campo cerca de 50% mais rápido do que os atletas que receberam um comprimido de placebo. Vários outros pequenos estudos com atletas demonstraram que as enzimas podem ajudar a reduzir a inflamação, acelerar a cicatrização de contusões e outras lesões teciduais (inclusive fraturas) e diminuir o tempo de recuperação geral em comparação com atletas que tomaram placebo. Em pacientes que se recuperam de cirurgias faciais e de várias cirurgias reconstrutivas, o tratamento com enzimas proteolíticas reduziu significativamente o inchaço, os hematomas e a rigidez em comparação com grupos de placebo. Achados semelhantes foram relatados em outras condições dolorosas ou inflamatórias, incluindo síndrome do túnel do carpo, fibromialgia, hematomas faciais, entorses de tornozelo, dor muscular e outras.

Em geral, as enzimas proteolíticas são consideradas bastante seguras, embora alguns indivíduos possam apresentar efeitos colaterais gastrointestinais leves (azia). Pessoas com risco de úlceras gástricas ou duodenais podem querer evitar suplementos de enzimas que possam agravar os tecidos ulcerados. Além disso, como os suplementos de enzimas proteolíticas também tendem a produzir um efeito anticoagulante (afinamento do sangue) modesto, provavelmente não devem ser usados em conjunto com warfarina ou outros agentes afinadores do sangue.

A dosagem ou "força" de um suplemento enzimático é normalmente expressa em "unidades de atividade", que se referem à capacidade da enzima de digerir determinada quantidade de proteína. Como a mesma quantidade em miligramas de determinada enzima pode ter diferentes unidades de atividade com base em seu processamento e mistura, pode ser aconselhável selecionar um suplemento enzimático que empregue uma combinação de enzimas que demonstrem atividade em diferentes níveis de pH. Além disso, procure uma marca que tenha "revestimento entérico" – o que significa que a formulação é protegida da digestão precoce no estômago, para proporcionar a entrega ideal das enzimas aos intestinos, onde elas podem realizar suas ações.

ÓLEO DE LINHAÇA

A linhaça é exatamente o que parece: a semente do linho. O uso típico da linhaça é como fonte dos ácidos graxos essenciais ácido linolênico (LN, um ômega-3) e ácido linoleico (LA, um ômega-6). O óleo de linhaça é composto por cerca de 57% de LN e cerca de 17% de LA. Conforme já descrito, o LN pode ser convertido em ácido decosa-hexaenoico (DHA) e ácido eicosapentaenoico (EPA), ácidos graxos precursores de prostaglandinas anti-inflamatórias e antiaterogênicas.

O consumo regular de linhaça foi associado a melhorias na proporção de ácidos graxos ômega-3 e ômega-6 no sangue, o que pode oferecer proteção contra a aterogênese e alívio de condições inflamatórias. Vários estudos em animais demonstraram um papel benéfico do óleo de linhaça no retardamento da progressão do câncer de mama e na prevenção do câncer de cólon, às vezes com uma redução de até 50% em comparação com grupos de controle não alimentados com linhaça. Uma redução clara e consistente nos marcadores pró-inflamatórios (por exemplo, fator de necrose tumoral e interleucina) foi observada em seres humanos suplementados com óleo de linhaça.

É improvável que doses eficazes de vários gramas de linhaça ou óleo de linhaça causem efeitos colaterais adversos. Entretanto, é necessário ter cuidado em casos de coagulação sanguínea comprometida, como hemofilia ou doença hepática, em razão da tendência da linhaça de reduzir a agregação plaquetária e prolongar o tempo de sangramento. Uma nota de cautela semelhante é aconselhável para indivíduos submetidos a procedimentos cirúrgicos, que podem predispor o paciente a sangramento excessivo.

Efeitos benéficos foram observados em doses diárias de 30-40 gramas de óleo de linhaça concentrado ou de sementes de linhaça inteiras/moídas. Os usos populares do óleo incluem molhos para salada e pastas; as sementes são frequentemente usadas em produtos de panificação ou polvilhadas em cereais ou outros alimentos.

GENGIBRE (*ZINGIBER OFFICINALE*)

O gengibre tem sido usado ao longo da história como auxiliar em muitos distúrbios gastrointestinais, bem como para aliviar articulações inflamadas. Os compostos químicos mais ativos do gengibre são conhecidos como gingeróis, que também são os compostos mais aromáticos dessa raiz e que se acredita serem a razão pela qual o gengibre pode inibir as substâncias que causam a dor e a inflamação associadas à osteoartrite. Por exemplo, entre pacientes com osteoartrite que tomaram gengibre em pó, 75% dos indivíduos relataram diminuição da dor e do inchaço. Não há relatos de efeitos adversos do uso do gengibre e não há relatos de interações com medicamentos. A maioria dos estudos utilizou 1 grama de raiz de gengibre seca e em pó por dia.

CASCA DE SALGUEIRO-BRANCO

A casca de salgueiro-branco é uma fonte de salicina e outros salicilatos, compostos de estrutura semelhante à da aspirina (ácido acetilsalicílico). A salicina, que é o principal composto ativo da casca de salgueiro-branco e que pode ser convertida no corpo em ácido salicílico, tem efeitos poderosos como anti-inflamatório e analgésico. Acredita-se que os nativos americanos tenham usado a casca de salgueiro moída e a casca embebida em chá como remédio medicinal para tudo, de dores a febres. Até que a aspirina sintética pudesse ser produzida em grandes quantidades, a casca de salgueiro-branco era o tratamento preferido para reduzir febres, aliviar dores de cabeça e de artrite, bem como controlar o inchaço. Atualmente, a casca de salgueiro-branco é usada com frequência como uma alternativa natural à aspirina. Embora a aspirina sintética seja claramente um analgésico e agente anti-inflamatório mais eficaz em comparação com o extrato mais fraco da casca, o salgueiro-branco também pode servir como fonte de taninos, uma combinação que pode proporcionar uma ação sinérgica com relação aos efeitos antioxidantes (os taninos são uma classe de polifenóis; consulte o Capítulo 7).

Úlceras estomacais e outras queixas gastrointestinais, como náusea e diarreia, são efeitos colaterais comuns do consumo prolongado de altas doses de aspirina sintética ou de extratos de casca de salgueiro-branco, mas doses mais baixas e de manutenção do extrato natural da casca são geralmente muito mais bem toleradas do que a aspirina sintética, que é mais potente. Indivíduos preocupados com a coagulação do sangue e o tempo de sangramento devem usar a aspirina e o salgueiro-branco com cautela, pois ambos têm o potencial de interferir na agregação plaquetária e prolongar o tempo de sangramento (ou seja, criar um efeito de "afinamento do sangue").

Para aqueles que procuram uma abordagem "mais suave" para equilibrar o controle da inflamação, o salgueiro-branco em baixas doses pode ser uma alternativa eficaz à aspirina. Há extratos padronizados de casca de salgueiro-branco disponíveis. A ingestão total de salicina é geralmente de 25-100 mg por dia para promover o equilíbrio inflamatório.

CAPÍTULO 10

O PROGRAMA FACE: UM OLHAR MAIS ATENTO

Habitar na possibilidade.

— Emily Dickinson
Poetisa americana, 1830-1886

Neste ponto, você tem todas as informações necessárias para colocar o programa FACE em ação no seu dia a dia. A esta altura, você já entende o "porquê" de usar a dieta, os exercícios e os suplementos para modular esses quatro aspectos importantes do metabolismo da pele. Agora vem o "como" colocar o programa em prática – e isso não poderia ser mais fácil.

O PROGRAMA FACE: ETAPA 1

Todos os dias, faça algum tipo de exercício ou controle do estresse, como meditação ou ioga. Ambos controlarão os níveis de cortisol, mas a atividade física também modulará os níveis de açúcar no sangue e a exposição a radicais livres e eicosanoides.

Para obter mais informações sobre como os exercícios beneficiam a pele, consulte a seção intitulada "Exercite sua pele", no Capítulo 3. Além disso, o Apêndice B, no final do livro, descreve um programa de exercícios fácil de seguir que o ajudará a aumentar a circulação sistêmica.

O PROGRAMA FACE: ETAPA 2

Em todas as refeições, você deve seguir a abordagem "Helping Hand" para comer, de modo que, a cada refeição, esteja consumindo uma mistura equilibrada de carboidratos, proteínas e gorduras. Para obter mais informações sobre esta etapa, consulte a seção intitulada "A dieta da mão amiga (Helping Hand)", no Capítulo 5. Além disso, experimente algumas das deliciosas receitas incluídas no Apêndice A. Cada uma delas é balanceada de acordo com os princípios de controle metabólico que defendo com o programa FACE (consulte os Capítulos 6 a 9).

O PROGRAMA FACE": ETAPA 3

Selecione um regime de suplementos para abordar um ou mais aspectos do controle metabólico, conforme descrito no programa FACE.

Uso do programa FACE para prevenir, reduzir ou eliminar rugas

Se a sua maior preocupação são as **rugas**, então o seu objetivo deve ser um regime focado no *controle do cortisol* (a primeira etapa do desenvolvimento das rugas) e no *controle da glicação* (a segunda etapa do desenvolvimento das rugas). Isso significa selecionar um ou mais suplementos do Capítulo 6 ("Suplementos para o controle do cortisol") e um suplemento do Capítulo 8 ("Suplementos para o controle dos PFGA"). Talvez você também queira selecionar um dos suplementos "adaptógenos" conhecidos por controlar o cortisol e o açúcar no sangue, como ginseng ou *Cordyceps* (consulte "Resumo dos suplementos", adiante).

Uso do programa FACE para prevenir ou tratar a acne

Se o tratamento e a prevenção da **acne** são sua principal preocupação, então você deve concentrar suas escolhas de suplementos principalmente no *controle do cortisol* (para reduzir a superprodução de óleo) e também no *controle dos danos causados pelos radicais livres* (Capítulo 7, "Suplementos para o controle da oxidação") e *no controle da inflamação induzida por eicosanoides* (Capítulo 9, "Suplementos para o controle dos eicosanoides"); além disso, consulte "Resumo dos suplementos", adiante.

Uso do programa FACE para lidar com a "pele problemática"

Se a sua preocupação for um "problema de pele" generalizado, como **rosácea**, **dermatite** ou **eczema**, concentre o seu regime de suplementos no *controle do cortisol* (Capítulo 6, "Suplementos para o controle do cortisol") e no *controle da inflamação* (Capítulo 9, "Suplementos para o controle dos eicosanoides"). Há menos necessidade de se concentrar na modulação de radicais livres ou no controle do açúcar no sangue (consulte "Resumo dos suplementos", a seguir).

Resumo dos suplementos

Para controlar o cortisol (Capítulo 6)

- Beta-sitosterol
- Damiana
- *Rhodiola rosea*
- Valeriana
- Ashwagandha (*Withania somnifera*)
- Cordyceps (*Cordyceps sinensis*)
- Casca de magnólia (*Magnolia officinalis*)
- Kava kava (*Piper methysticum*)
- Passiflora (*Passiflora incarnata*)
- Epimedium
- Ginseng

- Schisandra
- Teanina

Para controlar os danos causados por radicais livres (Capítulo 7)

- Antioxidantes
- Espirulina
- Betacaroteno
- Licopeno
- Vitamina E (tocoferóis e tocotrienóis)
- Chá verde (Camellia sinensis)
- Gotu kola (Centella asiatica)
- Vitamina A
- Vitamina C (ácido ascórbico)
- Flavonoides/polifenóis
- Luteína/zeaxantina

Para controlar os PFGA (Capítulo 8)

- Cromo
- Zinco
- *Gymnema sylvestre*
- Panax ginseng (asiático)
- Vanádio
- Ácido alfa-lipoico
- Folha de banaba
- Feno-grego
- Melão-de-são-caetano (*Momordica charantia*)

Para controlar a inflamação induzida por eicosanoides (Capítulo 9)

- Ácido linoleico
- Óleo de borragem
- Bromelaína e papaína
- Casca de salgueiro-branco
- Óleo de prímula

- *Boswellia serrata*
- Óleo de linhaça
- Gengibre (*Zingiber officinale*)

O PROGRAMA FACE: ETAPA 4

Visite www.cortisolconnection.com para me informar como você está se saindo e para receber informações científicas atualizadas, bem como recomendações específicas para cosméticos tópicos e suplementos dietéticos.

Vamos dar outra olhada em como os vários fatores abordados pelo programa FACE interagem (Figura 10.1).

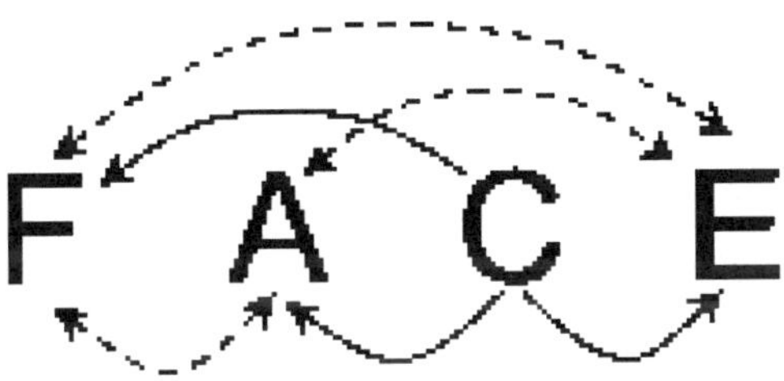

Figura 10.1

É de vital importância ter em mente a natureza inter-relacionada do controle metabólico. O regime mais eficaz para promover a função, a saúde e a aparência da pele é multifacetado e aborda simultaneamente o maior número possível de aspectos do metabolismo.

CAPÍTULO 11

COLOCANDO TUDO JUNTO: COMO SE SENTIR CONFORTÁVEL EM SUA PRÓPRIA PELE

A beleza não está no rosto; a beleza é uma luz no coração.

— Khalil Gibran
Escritor libanês-americano, 1883-1931

Este capítulo final a ajudará a fazer com que todo esse *know-how* funcione em uma base mais profunda do que a pele. Até agora, você aprendeu sobre os culpados internos que causam danos à pele e como o uso do programa FACE pode remediar esses danos e mantê-la com aparência – e sensação – de juventude, frescor e radiância. Agora é hora de convidar alguns dos especialistas em cuidados naturais com a pele para falar sobre a beleza facial de dentro para fora. Se você seguir o programa FACE e aproveitar o melhor do que esses especialistas têm a dizer, conforme se aplica a você, terá um regime de cuidados com a beleza que se adapta a quem você é, nutre sua saúde e todo o seu ser, além de permitir que sua beleza natural brilhe – independentemente da sua idade.

SUA PELE
Um reflexo de seu ser interior

Tornar o rosto das mulheres bonito é um setor que existe há milhares de anos. Nos tempos modernos, esse setor se tornou grande, principalmente corporativo e baseado em padrões específicos de beleza que podem fazer com que as mulheres sintam que precisam de uma reforma, uma plástica facial ou um armário cheio de cremes faciais para elevá-las aos padrões atuais de beleza. Essa pressão para se transformar em algo diferente do que você é afetou até mesmo as mulheres mais independentes e inteligentes, muitas das quais gastam grandes quantidades de tempo e dinheiro tentando "acertar". Mesmo as mulheres que decidiram evitar esse convite insistente muitas vezes sentem secretamente que estão perdendo algo no que se refere à beleza.

Tivemos a sorte de encontrar vários especialistas em cuidados com a pele que não veem as coisas dessa forma. Em vez disso, sua perspectiva é ajudar as mulheres a serem tão saudáveis, naturais e equilibradas quanto possível. Em seu trabalho como esteticistas, desenvolvedores de produtos, acupunturistas faciais e dermatologistas, eles buscam nutrir o ser humano como um todo por meio da nutrição da pele. Ao ler o que esses especialistas têm a dizer nestas páginas, você descobrirá como deseja usar seu regime de cuidados com a pele como uma forma de cuidar de todo o seu ser. Isso faz com que a perspectiva de cuidar da sua pele seja muito mais do que outro hábito a ser iniciado ou aprimorado; ela abre a porta para cuidar de si mesma de uma maneira muito mais consciente e acolhedora e levará à cura do seu coração e da sua alma, assim como à cura da sua pele.

Vamos descobrir o que nossos especialistas têm a dizer. Primeiro, apresentaremos cada um deles a você. Em seguida, veremos em que todos eles concordam. Depois, exploraremos seus *diferentes* pontos de vista sobre determinado assunto relacionado à pele. E, por fim, apresentaremos a perspectiva exclusiva de cada especialista. Leia as seções a seguir com a mente aberta para ver quais maneiras podem funcionar melhor para você.

NOSSO PAINEL DE ESPECIALISTAS EM CUIDADOS COM A PELE

Para oferecer a você uma boa variedade de conhecimentos de profissionais de diferentes partes do espectro de cuidados com a pele, a fim de que você possa se beneficiar do conhecimento e da sabedoria deles e aplicar esses frutos (às vezes literalmente!) em seu próprio rosto, entrevistamos as seguintes pessoas:

Marianne Damhuis: esteticista

Nascida na Holanda, Marianne Damhuis é uma esteticista que trabalha em um consultório particular em Sausalito, Califórnia, e usa uma abordagem natural para os cuidados com a pele. Uma mulher de aparência radiante na casa dos 50 anos que pratica o que prega com base em um estilo de vida que promove uma pele bonita, ela leva sua vida espiritual para o trabalho e acredita que você pode fazer o mesmo.

Shelley Rosenfeld: esteticista licenciada

Como o nome de sua empresa, Conscious Skin and Body Care (algo como Cuidados Conscientes com a Pele e o Corpo), situada em Alameda, Califórnia, indica, Shelley se vê como uma educadora de bem-estar, ajudando a desmistificar alguns mitos infelizes sobre cuidados com a pele e promovendo a beleza facial como uma consequência do autocuidado bem-informado e das abordagens mais naturais. Esteticista especializada em um *spa* de renome mundial no norte da Califórnia, antes de se tornar proprietária de empresa, ela recebeu um treinamento avançado extensivo no International Dermal Institute e estuda continuamente para aprimorar suas habilidades como terapeuta de cuidados com a pele e o corpo.

Elina Fedotova: profissional holística, química cosmética, esteticista médica e criadora da Elina Elite Skin Care Collection

Elina fabrica artesanalmente uma linha de produtos de cuidados com a pele totalmente natural que contém frutas, vegetais, ervas, vitaminas, óleos essenciais e outros ingredientes naturais. Seus produtos são endossados e distribuídos por médicos, esteticistas e cirurgiões plásticos em todo o mundo. Originária da Rússia, Elina tem salões em Kalamazoo, Michigan, e Chicago, Illinois.

John Nieters: acupunturista licenciado

John Nieters, L.Ac., é acupunturista em Alameda, Califórnia. Especializado em medicina interna, ele também faz acupuntura cosmética ou facial. Extensivamente treinado em medicina chinesa, John tem mestrado em medicina tradicional chinesa, é certificado como Diplomado pelo National Board of Acupuncture Orthopedics, tem certificação nacional em fitoterapia chinesa e ensina nutrição chinesa e fitoterapia na Academy of Chinese Culture and Health Science, em Oakland, Califórnia. Ele apresenta um programa de rádio com base em São Francisco chamado *The Balancing Point* (quintas-feiras de manhã, das 8h às 9h, na KEST 1450 AM).

Karen Burke, M.D., Ph.D.: dermatologista e cientista de pesquisa

Dermatologista e cientista pesquisadora em consultório particular na cidade de Nova York, Karen faz parte da equipe do departamento de dermatologia do Mt. Sinai Medical Center. Com uma extensa pesquisa sobre antioxidantes e Ph.D. em biofísica, ela é especialista nos efeitos de vitaminas e suplementos na pele. Ela é conhecida por sua pesquisa sobre a prevenção e reversão do envelhecimento da pele, bem como a prevenção e o tratamento do câncer de pele. Um dos focos de seu trabalho tem sido a demonstração da eficácia de antioxidantes tópicos e orais na reversão do fotoenvelhecimento da pele e na prevenção do câncer de pele. Membro de muitas organizações, incluindo a American Academy of Dermatology e a American Medical Association, ela foi consultora de muitas empresas e é autora de vários artigos e quatro livros: *Great Skin for Life*, *Thin Thighs*, *Thin Thighs for Life* e *Thin Thighs Diet and Workout* (Octopus).

As informações de contato de cada um desses especialistas estão listadas na seção Recursos, localizada no final do livro.

EM QUE OS ESPECIALISTAS CONCORDAM

Todos os nossos especialistas concordam que os elementos do programa FACE são importantes para o cuidado com a pele. Eles concordam que, para uma pele boa, saudável e radiante, o controle do cortisol é essencial. Igualmente importante, eles também acreditam, é o estabelecimento de uma dieta equilibrada e saudável; o uso de suplementos; exercícios; e um estilo de vida que envolva o mínimo de estresse possível.

Controle do estresse

SHELLEY "O estresse aumenta o nível de cortisol, elevando o nível de inflamação, que se manifesta na pele. Dizem que a inflamação é o início de todas as doenças. Quando a pele está vermelha, isso significa que *todas* as células do corpo estão vermelhas. A inflamação na pele significa que há inflamação nas células." As causas? "Estilo de vida. Genética. Danos causados pelo sol. Consumo de alimentos inflamatórios, como cafeína e certos temperos. Podemos ter um *estilo de vida* inflamatório, devido ao estresse constante." A solução? "A principal maneira de lidar com a inflamação é por meio de dieta, exercícios, meditação, o que for; devemos reduzir o uso de cafeína e álcool.

"O que é necessário para envelhecer com graça? Exercícios físicos. Comer bem. Fazer coisas que aliviem o estresse. Cuidar da pele. Beber muita água e tentar viver o mais livre possível de estresse."

ELINA "O cortisol intoxica o corpo inteiro. A pele, como o maior órgão do corpo, reage a essa intoxicação. Depois de ficarem estressadas, as pessoas geralmente desenvolvem erupções cutâneas. Quase todos os problemas de pele estão relacionados ao estresse e à produção excessiva de leveduras no corpo (por exemplo, cândida).

"É por isso que o tratamento de pele deve ser natural. Ele não deve causar estresse por si só [pela presença de diferentes substâncias químicas tóxicas nos produtos cosméticos]. Ele deve proporcionar um efeito nutritivo. Um tratamento natural para a pele deve ter efeitos anti-inflamatórios; deve incluir antioxidantes, para que possa restaurar as células danificadas e oxidadas em nível celular e ajudar a regenerar a pele."

Os problemas de pele podem ser tratados com a ingestão interna de uma quantidade significativa de antioxidantes, com uma dieta saudável e com a redução do estresse em sua vida. "Toda vez que você se estressa, está intoxicando suas células e criando a reação de oxidação, que produz radicais livres. Após períodos estressantes, é preciso mais antioxidantes para restaurar o sistema. Portanto, se você tomar muitos antioxidantes, estará ajudando todo o seu corpo – inclusive a pele – a se recuperar do estresse anterior e dos danos causados pelos radicais livres, inclusive a pele. Assim, por exemplo, se você tiver muitas manchas de pigmentação e estiver tomando muitos antioxidantes e usando produtos transdérmicos benéficos para o cuidado da pele, que têm muitos antioxidantes, *na* pele, você estará resolvendo o problema de dentro para fora e de fora para dentro!"

Dieta

MARIANNE "Para diferentes condições de pele, a dieta definitivamente faz a diferença." Ela recomenda frutas e legumes frescos. "Alimentos integrais e orgânicos são os melhores", enfatiza, "porque são saudáveis para a pele. Às vezes, você se desintoxica por meio da pele."

SHELLEY recomenda a ingestão de muitos líquidos – água, sucos, chás de ervas, limonada (não exagere no açúcar). "Eles eliminam as toxinas e impurezas. Coma alimentos com alto teor de água, como uvas. A desidratação geralmente aparece por último em nossa pele, porque os órgãos internos precisam de líquidos primeiro. A pele hidratada tem uma ótima aparência, no rosto e em todos os outros lugares!" (consulte "Sobre hidratação", adiante, para obter mais detalhes).

ELINA adverte: "Cuidado com o que você come. Doces e cafeína não são bons para sua saúde geral – nem para seu rosto. Pense em limonada (feita com água, limões e o mínimo de açúcar) e chá de ervas, não em refrigerantes. Alimentos picantes e produtos ricos em levedura também podem levar a um desequilíbrio hormonal, e isso se manifesta em seu rosto. Comer vegetais é uma parte essencial da verdadeira beleza".

JOHN inclui uma consulta nutricional quando se reúne pela primeira vez com seus pacientes de acupuntura facial. "Eu lhes ensino nutrição ocidental e nutrição médica chinesa para fazer com que as pessoas mudem sua química interna." Com relação a alimentos específicos, ele diz: "Shawn [o autor deste livro] e eu provavelmente concordamos em 98% das coisas".

No lado positivo (alimentos para comer), John recomenda:

1. "Alimentos de cores vivas com alto teor de betacaroteno e, em última análise, grandes precursores de vitamina A, que são essenciais para a pele. Eles têm todos os antioxidantes. Adicione o maior número possível desses alimentos."

2. Ácidos graxos ômega-3, seja com óleo de fígado de bacalhau líquido ou óleo de peixe, seja comendo peixe gorduroso ou carne de alta qualidade.

John recomenda a forma líquida de óleo de peixe ou óleo de fígado de bacalhau para quase todos os seus pacientes: "O óleo de fígado de bacalhau e o óleo de peixe são as fontes mais fáceis para as pessoas. O óleo de fígado de bacalhau tem altos níveis de vitamina A e vitamina D, que são muito poderosas para o corpo". Ele acredita que "*a única coisa que faz a maior diferença são as altas quantidades de ácidos graxos ômega-3 de alta qualidade,* porque eles são muito anti-inflamatórios e essenciais para a pele e a saúde em geral. Podemos viver sem carboidratos simples em nossa dieta, e obtermos muito mais proteína do que precisamos, mesmo na dieta vegetariana mais simples. Mas precisamos dessas gorduras de boa qualidade para viver, especialmente para proporcionar uma pele mais saudável".

O consumo de peixes gordurosos ou de carne de alta qualidade também fornece boas fontes de ácidos graxos ômega-3. "Além disso, use carne de gado criado solto, alimentado com capim, bisão alimentado com capim, cordeiro ou caça selvagem. Os animais que comem grama convertem os ácidos graxos em altos níveis de ômega-3. Depois que um animal passa noventa dias em um confinamento, ele não tem mais ácidos graxos ômega-3 de cadeia longa, o que torna esse tipo de carne muito inflamatória. Portanto, o óleo de peixe é a maneira mais fácil, se você for tomar um suplemento, embora seja muito melhor sair e comer um hambúrguer de bisão ou um pedaço de salmão."

Suplementos

MARIANNE acredita em suplementos, "especialmente à medida que você envelhece". Ela prefere os óleos em particular, como o óleo de linhaça e o azeite de oliva. "Esses óleos são muito bons para a pele, porque a deixam muito hidratada." Quanto aos suplementos a serem tomados, ela sugere: "Todos os suplementos que você tomaria para o seu sistema imunológico e para a sua saúde, como vitamina C e vitamina E".

SHELLEY defende os antioxidantes: zinco para acne, extrato de semente de uva para manchas marrons e pigmentação, casca de salgueiro para o ácido salicílico, e as enzimas digestivas propaína e bromelaína.

ELINA coloca antioxidantes em seus produtos tópicos. "A descoloração da pele se deve à oxidação. É o resultado dos danos causados pelo sol, dos danos ultravioleta nas células", explica ela. "Quando as pessoas tomam mais antioxidantes internamente, isso as ajuda a regenerar e restaurar todas as células, inclusive as da pele." Ela também sugere tomar castanha-da-índia diariamente, para tornar as veias e os capilares mais flexíveis e maleáveis.

Estilo de vida

Estar relaxado

MARIANNE é muito favorável à inclusão de "oxigenação e respiração profunda, como na ioga, ou relaxamento total com respiração longa e profunda. Cuidar da circulação, de modo que você faça exercícios lentos que realmente conduzam a estados de relaxamento profundo. Muitos alongamentos e caminhadas, exercícios do tipo ioga. Isso é fabuloso para a pele e certamente ajuda a reduzir o estresse. Muitas pessoas parecem muito mais jovens do que são por causa disso".

JOHN considera o relaxamento um elemento fundamental da acupuntura: "Quando as pessoas alcançam esse estado muito relaxado, geralmente entram em um estado de ondas cerebrais alfa, em que todos nós deveríamos entrar regularmente, mas tendemos a não o fazer. Eu digo às pessoas: 'Essa é apenas uma maneira de lembrar ao seu corpo o que ele deve fazer'. O importante é continuar fazendo isso o tempo todo: 'Agora mesmo, no ônibus – respire!'".

Ritmo e rotina

SHELLEY "Não se trata de soluções rápidas, como fazer um lifting facial, mas de cuidar de todo o nosso ser, e isso inclui a nossa pele. Crie um ritmo regular de hábitos de vida normais. O corpo adora rotina. Levante-se mais ou menos no mesmo horário todos os dias, coma mais ou menos nos mesmos horários todos os dias, durma o suficiente, mais ou menos no mesmo horário da noite, exercite-se mais ou menos nos mesmos horários durante a semana, e assim por diante."

Atitude e paz de espírito

ELINA "Eu lido com muitas pessoas. Algumas não têm uma vida difícil, mas são muito estressadas, e outras têm uma vida extremamente desafiadora, mas não são estressadas. Depende de como você lida com a vida.

"Uma cliente chega ao salão e diz: 'Estou tão estressada! Quero fazer minha massagem! Depois a pedicure! Depois a manicure! Agora estou fazendo um tratamento facial e amanhã vamos sair de férias!'. E outra cliente é uma mãe solteira com cinco filhos, que trabalha em três empregos e diz: 'Ah, este momento é muito relaxante. Finalmente cheguei aqui. Estamos indo bem. Meu filho não está mais doente, e o outro melhorou suas notas. Estamos mantendo as coisas sob controle'. É uma abordagem totalmente diferente da vida. Não importa o quanto uma vida seja estressante e outra não seja estressante. O que importa é como você está lidando com isso e como está controlando o estresse."

Exercício

MARIANNE recomenda equilíbrio entre relaxamento e movimentos de alta energia. Além de fazer movimentos de desaceleração, como alongamento e ioga, "estimule sua circulação fazendo exercícios de alta energia, como caminhada rápida, dança, cama elástica ou qualquer outra coisa que estimule seu sistema. E o exercício também é muito importante para as emoções, para a saúde mental".

Eliminação

MARIANNE defende a limpeza e a hidroterapia do cólon. "Eu me sinto muito bem quando faço isso. Acho que manter o cólon limpo mantém você saudável. [Também é importante] cuidar de sua alimentação."

SHELLEY recomenda esfregar a pele. "Use uma bucha ou uma escova corporal para estimular a circulação e limpar os resíduos celulares da epiderme. Saunas leves e banhos de ervas quentes (não muito quentes) também são ótimos para ajudar a pele a excretar resíduos." Além disso, certifique-se de ter movimentos intestinais regulares e completos.

ELINA acredita que todos os problemas de pele "estão relacionados à intoxicação. Não apenas manifestamos problemas internos por meio da pele, mas também podemos eliminar toxinas por meio dela, como no caso do suor. Se estivermos menos tóxicos por dentro, teremos menos problemas de pele. O chá de raiz de bardana e o chá de raiz de dente-de-leão são fórmulas muito clássicas. Talvez você vá mais ao banheiro e transpire mais no início, mas eliminará muitas toxinas".

EM QUE OS ESPECIALISTAS DIVERGEM

Nesta seção, nossos especialistas apresentam opiniões diferentes sobre dieta, hidratação, suplementos, protetores solares, tratamento de determinadas doenças de pele, cirurgia cosmética e quando uma visita a um dermatologista pode ser necessária.

Sobre a dieta

O que não comer

MARIANNE "Há coisas às quais algumas pessoas são alérgicas – por exemplo, álcool, trigo ou muito sal. Isso se manifesta na pele; você pode ver isso no rosto. Elas podem inchar ou ficar com olheiras. Depende de sua constituição."

SHELLEY recomenda evitar ou pelo menos minimizar toxinas e irritantes conhecidos, como bebidas carbonatadas, café e outros estimulantes; os "venenos brancos" do açúcar e da farinha refinados; alimentos fritos (o óleo aquecido a mais de 48°C é rançoso); alimentos processados (escolha alimentos integrais reais encontrados na natureza); concentrados, como sucos (irritantes para o estômago; dilua com água); aditivos químicos.

JOHN diz: "Diminua a quantidade de açúcares, principalmente o xarope de milho rico em frutose, mas também qualquer coisa que seja realmente um carboidrato simples. Porque quando você sobrecarrega o corpo, obtém uma resposta muito rápida da insulina. E com essa resposta rápida da insulina, o corpo cria uma inflamação. Portanto, essa inflamação é de fato bastante problemática".

"Carboidratos simples significam, em particular, pão, macarrão etc. [observe que os carboidratos podem ser um problema duplo para muitas pessoas, porque os carboidratos à base de trigo também podem ser alergênicos]. *Qualquer coisa* a que você seja alérgico criará inflamação no corpo. É isto que é uma alergia – uma resposta inflamatória. Para muitas pessoas, o trigo não é um problema, mas, para uma porcentagem relativamente alta, ele é a causa da inflamação. Isso fará com que a pele envelheça mais rapidamente."

O que é bom para comer

SHELLEY prefere beber "muitos chás de ervas sem açúcar, caldos de sopa com baixo teor de sódio, sucos diluídos e água purificada (não destilada), de preferência com os minerais/eletrólitos intactos. Coma muitos vegetais verdes, para obter fibras, principalmente crus, mas não há problema em consumi-los cozidos no vapor".

JOHN defende a manteiga, se você sentir que precisa comer pão. "Quanto mais simples e isolado for o carboidrato, mais problemático ele será. Se você comer apenas pão sozinho, será mais problemático do que comer pão com manteiga. A manteiga é benéfica por vários motivos, um dos quais é que a gordura será digerida mais lentamente e amortecerá a digestão desse alimento rico em carboidratos, de modo que você não terá um aumento tão rápido da insulina. Todas essas ideias dietéticas absurdas que surgiram – 'Não coma ovos; se você comer torrada, coma torrada seca'–, não há ciência por trás disso. Tente diminuir a quantidade de carboidratos simples não modulados que entram no sistema. Se for comer uma torrada, não será tão ruim se a comer com uma omelete, pois a proteína da gordura levará mais tempo para ser digerida, o que equilibrará a resposta do açúcar."

Sobre hidratação

ELINA concorda que beber água é bom, mas acha que beber chá de ervas é ainda melhor. "Para acne e inflamação na pele, acho que é mais benéfico tomar chá de camomila, de calêndula ou de raiz de bardana. A camomila é cicatrizante e anti-inflamatória; além disso, é calmante, reduzindo os níveis de cortisol. A calêndula tem as mesmas propriedades; além disso, tem propriedades curativas muito profundas. [Uma combinação de] raiz de bardana e raiz de dente-de-leão é um chá muito desintoxicante. A raiz de dente-de-leão proporciona um chá anti-inflamatório e de equilíbrio hormonal muito bom para pessoas com acne e problemas inflamatórios. Se você já estiver tomando essas ervas na forma de suplemento, pode beber água pura. Mas eu gosto de preparar um chá. O sabor é melhor." Isso é muito tradicional na Rússia: "Toda casa tem seus próprios chás de ervas. Não apenas na Rússia, mas em toda a Europa. Os índios americanos também tinham. Acho que, quando o povo americano chegou e organizou o novo mundo, foi ótimo o que fizeram, mas acho que cortaram muitas raízes históricas da cura tradicional. Eles se esqueceram de como fazer isso e estão pensando que o Tylenol pode curá-los, quando um pouco de canja de galinha seria melhor".

Sobre suplementos

MARIANNE concorda que é importante tomar "um bom antioxidante", mas acha difícil saber quais suplementos tomar para sua pele. "Agora estamos ouvindo coisas ruins sobre a soja. E dizem que o óleo de linhaça não é tão bem absorvido pelo corpo. Portanto, é muito confuso." Às vezes, ela toma clorofila, "porque oxigena todo o sistema. Assim como as folhas verdes; também tomo um suplemento verde. Mas estou na casa dos 50 anos. Quando você é mais jovem, talvez não precise de tanto.

Quando envelhecemos, acho que precisamos de mais. Recomendo um bom suplemento verde, um antioxidante e óleos".

Ela acredita que cabe ao indivíduo determinar quais vitaminas e suplementos deve tomar. E embora seja a favor dos suplementos nutricionais para uma boa saúde, ela aconselha: "Não acho que eles sejam tudo. Se você só toma suplementos e não se alimenta direito, não acho que possa viver só disso. Temos que manter tudo funcionando, e isso inclui muitas coisas".

Ela acrescenta: "Os suplementos não são totalmente inofensivos. Acho que há áreas em que, se você estiver tomando determinados medicamentos, eles podem neutralizar a medicação, ou a medicação pode neutralizar os suplementos. Acho que há reações químicas aos suplementos. Não se pode tomar suplementos se estiver fazendo determinados tratamentos médicos. Eu consultaria um médico".

KAREN recomenda o seguinte para controlar a oxidação:

> **VITAMINA A:** (não é ingerida, mas, sim, aplicada na pele). Embora seja verdade que, se você tiver pouca vitamina A, ficará com a pele ruim, você teria que ter uma deficiência muito grande, e isso é muito, muito improvável. Acho que nunca vimos um caso de deficiência de vitamina A em nossa sociedade. Ela aconselha tomá-la apenas com reservas: "Em excesso não é bom, especialmente durante a gravidez".

Entretanto, colocá-la *na* pele é bom. O ácido retinoico é uma das melhores coisas que você pode colocar na pele para evitar o envelhecimento. Se você aplicar uma alta concentração, a pele ficará escamosa e vermelha. Mas você não precisa sofrer esses efeitos para reverter o fotoenvelhecimento. Você pode reverter o fotoenvelhecimento com uma concentração mais baixa, fazendo isso regularmente.

VITAMINA C: a necessidade diária mínima é de 50 mg, mas algumas pessoas podem se dar bem com até 3.000 mg/dia.

VITAMINA E: tome o succinato de d-alfa-tocoferol, não o tipo sintético. Tome um total de 400 UI por dia (o equivalente a 5.260 calorias de óleo de girassol).

ESPIRULINA: nunca ouvi falar dela como um antioxidante, mas é uma fonte completa de proteína. Ela tem todos os aminoácidos essenciais. Isso é particularmente valioso para os vegetarianos. Se você é vegetariano, tem de comer arroz *e* feijão, porque um deles não tem metionina, e o outro não tem lisina. Se você comer apenas arroz, sem feijão e sem carne, estará perdendo um aminoácido essencial e terá um tipo de deficiência de proteína.

BETACAROTENO: o corpo pode produzir sua própria vitamina A a partir do betacaroteno.

LICOPENO: sou totalmente a favor do licopeno. Acho que ele ajuda sua saúde.

Sobre o protetor solar

MARIANNE tem uma orientação diferenciada a oferecer. Por um lado, "vejo muitos danos causados pelo sol em meu trabalho. Acho que, em geral, é bom usar protetor solar. Use um chapéu. Não se exponha demasiadamente ao sol". Por outro lado, ela acha que é bom "ficar um pouco no sol sem nenhuma proteção – só um pouco, para ficar equilibrado". Ela vê isso como uma decisão individual. Para ela, "posso dizer intuitivamente como me sinto – o que está bom, ou quando está bom ou não. Definitivamente, acho que o sol, sem alguma proteção solar, é bom por algum tempo. É como um banho de sol, da mesma forma que um banho de ar, um banho de imersão ou uma ducha".

SHELLEY acredita que "Todo mundo precisa de protetor solar. Mesmo que sua pele seja mais escura, você ainda precisa de protetor solar. Ainda há inflamação nas células se você se queimar com o sol". Ela aconselha o uso de um protetor solar que contenha zinco e dióxido de titânio (óxido de ferro) como ingredientes principais. "Você não pode sair o dia todo com uma única aplicação de protetor solar; é preciso reaplicar. Para saber com que frequência, estime o tempo que você leva para se queimar sem usar nada e multiplique esse valor pelo número do FPS. Esse é o tempo que uma única aplicação lhe dará de cobertura. Você pode encontrar protetores solares naturais em lojas de produtos naturais."

Ela adverte contra o uso de protetores solares que contenham cores e fragrâncias artificiais, pois eles tornam a pele mais sensível aos efeitos da luz solar.

ELINA aconselha o uso de "um protetor solar com, no mínimo, FPS 15, todos os dias. Mesmo que você não vá se expor ao sol, proteja-se dos reflexos e das luzes".

Ela observa que a combinação de exposição excessiva aos raios ultravioleta, ingestão de alimentos com gorduras trans ("aqueles óleos hidrogenados") e pele clara pode causar cânceres de pele. "Se você já teve algum tipo de câncer, mesmo que não seja perigoso, precisa ingerir toneladas de antioxidantes e frutas e legumes cultivados de forma orgânica; evitar qualquer tipo de gordura trans e proteína animal; e usar meus produtos de cuidados com a pele, como meu hidratante de maquiagem protetor solar, que tem mais de 10% de zinco e protetor solar natural."

KAREN acredita inequivocamente que todo mundo precisa de protetor solar. "Aplique o máximo possível. É preciso aplicar a cada quatro horas para obter o efeito do protetor solar, porque a cada uma hora e meia você transpira o produto." Certos nutrientes ingeridos por via oral fornecem alguma proteção contínua: "Se você toma vitamina C (3.000 mg), vitamina E (4.000 mg) e selênio, já tem um pouco de efeito protetor solar e um FPS de cerca de dois ou três o tempo todo, portanto não precisa passar protetor solar a cada hora e meia. Além disso, qualquer protetor solar que você colocar aumentará o FPS. Tome antioxidantes para diminuir o efeito dos danos causados pelo sol também".

Ela acrescenta: "Mas não há dúvida de que você precisa de protetor solar. O fato de a pele estar danificada faz com que pareça velha e enrugada, além de causar câncer de pele, o câncer mais comum. [De todos os cânceres], o melanoma é o que mais mata homens e mulheres com menos de 30 anos. Alguns cânceres de pele não são tão invasivos; outros são como uma pequena verruga que pode ser retirada se detectada cedo.

"Todos precisam de protetor solar aplicado com frequência. No laboratório, quando medimos o FPS, aplicamos uma camada de loção de dois milímetros de espessura e não a esfregamos. Mas na vida real as pessoas usam muito menos, portanto um FPS 30 pode fornecer apenas um FPS 15 ou menos. Usar um FPS baixo é como andar de motocicleta sem roupa. Independentemente do fator usado, você deve aplicá-lo vinte minutos antes de sair ao sol e reaplicá-lo a cada noventa minutos. Para cobrir todo o corpo, você precisará de trinta mililitros de loção – ou seja, duas boas colheres de sopa – a cada noventa minutos. Para uma viagem de duas semanas, você precisará de pelo menos seis frascos de protetor solar. A loção deve ficar sobre a pele como uma barreira ativa; se tiver sido absorvida pela pele, não será tão eficaz."

Entretanto, a maioria dos efeitos da exposição ao sol é reversível. "Em curto prazo, use um produto calmante pós-sol ou um creme de aloe vera. Tome aspirina a cada quatro horas ou um suplemento natural de vitamina E, para reduzir a inflamação. Se você sentir muita dor e tiver bolhas, consulte um médico. Em longo prazo, as vitaminas A e C, usadas com frequência e em altas doses, revertem os efeitos dos danos causados pelo sol. Talvez você queira experimentar um creme que contenha vitamina E (tocoferol) para acalmar a pele queimada pelo sol." Um estudo mostrou que a selenometionina, um aminoácido natural, reduz os danos à pele causados por queimaduras solares quando aplicada à pele e tomada por via oral. Karen recomenda tomar 100 microgramas por dia durante os meses de verão e 200 microgramas por dia se você tiver histórico familiar de câncer.

Sobre condições específicas da pele

Acne

MARIANNE "A acne é muito difícil para a autoestima. Acho que tudo se resume a cuidar de si mesmo e se aceitar. E aceitar que tudo o que acontece passa. É como o clima. Então, você tem uma erupção na pele, mas apenas a enfrenta da melhor maneira possível, e ela passa. As pessoas acham que, se você tem duas manchas no rosto, a vida acabou – mas as outras pessoas estão realmente olhando para seus olhos e sua energia. Quando olhamos para uma pessoa, sentimos a energia, quer estejamos conscientes disso ou não. É isso que as pessoas veem, e é isso que importa."

Ainda assim, "fique longe de coisas como cafeína e chocolate, alimentos gordurosos e frituras".

SHELLEY "Acne é inflamação. Muitas vezes, é o acúmulo de substâncias tóxicas no sistema linfático. Geneticamente, é uma fraqueza nos folículos capilares. Quando a acne está vermelha e inflamada, há infecção sob a pele e falta de oxigênio." Quando um cliente a procura por causa da acne, ela acalma a pele, mas não necessariamente a resseca: "É preciso haver um equilíbrio entre óleo e hidratação na pele".

Para drenar a linfa, Shelley limpa bem a pele com um produto de limpeza e uma ferramenta de vácuo. Ela começa esfoliando a pele com um *peeling* salicílico feito de casca de salgueiro. "O que faço é preparar a pele para a extração, amolecendo o óleo." Em seguida, ela extrai os cravos usando um equipamento antibacteriano de alta frequência. "Não toco neles se estiverem vermelhos", observa ela, "porque estão infectados; isso espalharia a infecção." Em seguida, ela aplica uma máscara calmante e uma fórmula de controle de oleosidade. "Não uso produtos com fragrâncias ou corantes artificiais. Isso é muito irritante para a pele." No final da sessão, "instruo meus clientes a cuidarem da pele em casa".

Shelley fornece as seguintes dicas:

- Se você tem tendência à acne, evite iodo e alga marinha em seus multivitamínicos.
- Não cutuque a acne; isso pode espalhar a infecção.
- Use produtos anti-inflamatórios para eliminar as bactérias, tome zinco e deixe a pele se curar por conta própria. Evite produtos que ressequem a pele, como Clearasil ou álcool. O ácido salicílico, um ingrediente de alguns produtos de venda livre, é bom.

ELINA acredita que algumas pessoas nunca superam a acne, mas ela diminui com o tempo. Ela recomenda o uso de sua Oil Control Formula (fórmula de controle da oleosidade) "para deter a acne antes que ela comece". Sua linha de produtos inclui um anti-inflamatório para acne e rosácea, "porque a acne e a rosácea geralmente são condições inflamatórias da pele, como resultado de um desequilíbrio hormonal".

Pele seca

MARIANNE sugere: "Para pessoas mais jovens – ou para pele seca – eu diria para usar óleos e esse tipo de suplemento".

Pele sem brilho

SHELLEY explica: "À medida que envelhecemos, as células mortas da pele se desprendem cada vez mais lentamente, e é por isso que a pele fica com uma aparência opaca. Quando você faz um tratamento facial, está removendo as células mortas da pele mais rapidamente. Quando uma célula morta da pele é removida, uma nova célula nasce".

Rosácea

MARIANNE "Se você tem rosácea, evite cafeína, álcool e temperos."

SHELLEY descreve a rosácea como uma inflamação, observando "a vermelhidão nas bochechas e no nariz. 'Rosácea' é um termo informal que se refere à vermelhidão. A vermelhidão pode ser causada por paredes capilares finas". O que fazer: "É bom tomar anti-inflamatórios. Coma alimentos refrescantes, como pepinos e brócolis". O que evitar: "Álcool, cafeína, alimentos picantes. Evite água quente; não coloque seu rosto sob o jato do chuveiro; evite banheiras de hidromassagem, saunas".

ELINA "As inflamações mais comuns da pele, como a rosácea e algumas dermatites, têm problemas semelhantes. É um desequilíbrio hormonal, e eu tenho um produto de limpeza e um tônico especiais para isso."

Manchas de pigmentação

O tratamento de manchas de pigmentação de **ELINA** utiliza uma mistura de antioxidantes e mais de quarenta ervas e frutas diferentes. "Vitamina C, vitamina E, os cítricos – de onde vêm essas vitaminas. Extrato de semente de uva, ácidos graxos ômega-3 e ômega-6 – todos eles são antioxidantes."

Rugas

SHELLEY observa que a hidratação é uma parte importante da prevenção de rugas. O mesmo acontece com o uso de protetor solar todos os dias. "Mesmo quando o dia está nublado, ainda há raios UV." Quando os clientes a procuram para obter ajuda com as rugas, ela aplica os produtos totalmente naturais da Elina e usa equipamentos modernos. "Tenho uma máquina de laser a frio, que exercita os músculos, tonifica e levanta a pele."

Além disso, há o envelhecimento com elegância. "Quer saber de uma coisa? Nós vamos ter rugas. Não se trata de evitá-las completamente. Trata-se de cuidar de nós mesmos. Isso faz parte de toda uma vida bem equilibrada: dietas, suplementos, exercícios."

Ela observa que as rugas na parte superior do tórax e no pescoço podem ser causadas por borrifar perfume nesses locais. "Se você usa perfume, coloque-o onde o sol não reflete. As pessoas que vendem esses produtos provavelmente nem sabem disso. O setor de cosméticos e de cuidados com a pele é muito pouco regulamentado. Elas praticamente podem dizer e alegar qualquer coisa. Há vinte mil substâncias químicas em produtos cosméticos e de cuidados com a pele, e apenas uma pequena porcentagem delas é testada pela FDA."

Sobre cirurgia cosmética

MARIANNE tem muitos clientes "que se alimentam de forma muito saudável e fazem tudo o que é saudável – e depois vão injetar Botox em seu sistema. Quando se trata de beleza, eles estão preparados para correr riscos, porque querem ter uma boa aparência. Acho que a maioria das mulheres faz qualquer coisa para ter uma boa aparência. Todo mundo faz plástica nos seios, nas coxas e no rosto. Há médicos esteticistas que fazem todos esses procedimentos, e *spas* médicos.

"Há dois movimentos: há o movimento natural e há o outro movimento. Acho que o outro movimento está ficando mais forte. Posso ver isso pelo fato de que não há muitos produtos puros no mercado. A maioria deles tem algum tipo de ingrediente agressivo. O uso de produtos orgânicos também faz diferença, mas pode levar um pouco de tempo; os resultados não são imediatos ou da noite para o dia."

"Não quero fazer Botox; não quero colocar botulismo em meu organismo. A maioria das mulheres faz de tudo para parecer jovem. Mas acho que isso também acontece com os homens. Somos muito programados pela mídia e pelas estrelas de cinema. Tudo gira em torno de como todo mundo parece mais jovem, e isso tem a ver com os homens de quem buscamos *feedback*. Mas também há homens que *não* querem isso nas mulheres, que na verdade *preferem* mulheres com aparência natural, que consideram importante envelhecer graciosamente. E *eu* realmente vejo isso como importante. Na Europa, não se vê tanta plástica como nos Estados Unidos. As mulheres são bonitas em todas as idades."

"Na verdade, eu *não gostaria* de parecer ter 30 anos. Acho que isso é perder de vista a dádiva da vida e a beleza do ciclo natural. Há muita beleza em todas as idades. Quando vejo como é estar na casa dos 50 anos, não gostaria de ser mais jovem. Mas não *sei* o que faria depois dos 60."

"Acho que o importante é estar mais conectado consigo mesmo. Assim, você não sentirá a necessidade de fazer cirurgias. A conexão é o que lhe dá vivacidade e entusiasmo pela vida."

ELINA é totalmente a favor de métodos não invasivos. "Para ter a melhor aparência possível, as mulheres não precisam colocar sua saúde em risco com cirurgias, produtos tóxicos ou procedimentos prejudiciais. Mas a maioria das pessoas não está ciente das oportunidades alternativas. As grandes corporações continuam a promover transformações radicais e injeções tóxicas como a única solução para combater os efeitos do envelhecimento. Acredito profundamente que os procedimentos holísticos de beleza e os produtos naturais de cuidados com a pele podem proporcionar resultados evidentes e duradouros sem nenhum dos riscos à saúde associados a cirurgias de lifting facial e outros procedimentos cosméticos."

Elina colocou esse ponto de vista à prova. "Depois de ver tantas cirurgias cosméticas caras e arriscadas para a saúde realizadas na TV, decidimos produzir nosso próprio programa de transformação. Demonstramos técnicas não invasivas e muito eficazes para rejuvenescer a pele e o espírito de cinco mulheres voluntárias, todas com mais de 50 anos de idade. Antes de nos procurar, todas elas estavam pensando em fazer cirurgias ou usar Botox. Após um mês de tratamentos faciais e uso dos produtos Elina Skin Care, elas mudaram completamente de ideia. Elas não só tinham uma aparência melhor (e mais jovem!) fisicamente, como também se sentiam muito mais confiantes em seu cotidiano."

JOHN ensina a seus pacientes de acupuntura uma técnica de massagem facial *chi gung* para reduzir o estresse. "Ela ajuda a aumentar o fluxo sanguíneo, o que aumenta a renovação dos tecidos epiteliais e estimula os músculos para que eles realmente comecem a ser reativados e puxem o tecido para o lugar. É realmente chocante o quão pouco precisa ser feito para criar um efeito realmente importante. E eles podem continuar a realizar as técnicas entre os tratamentos e por anos após os tratamentos, e então não precisam me consultar com tanta frequência." Convidando qualquer pessoa a experimentar, ele sugere: "Se você se sentar e se olhar no espelho, colocar o dedo sobre um dos músculos da mandíbula e movê-lo pouco mais de meio centímetro, pode parecer dez anos mais jovem. Ao fazer apenas pequenos movimentos ajustando o músculo, você verá grandes diferenças à medida que ele puxa a pele de volta para o lugar".

Com relação à cirurgia plástica, ele diz: "Não sou um defensor da cirurgia plástica, mas também não sou 100% contra ela. Conheço uma pessoa que fez uma plástica na parte inferior do rosto há alguns anos e, de modo geral, acho que foi benéfico para ela. Ela é corretora de imóveis em Pasadena, um trabalho que está relacionado à boa aparência. Acho que a cirurgia e os efeitos que ela obteve foram provavelmente mais úteis do que prejudiciais. Mas acho que isso é uma minoria. Creio que os aspectos negativos estão presentes, inclusive as possibilidades negativas que acompanham a cirurgia em geral e todos os problemas psicológicos, como o fato de as pessoas se tornarem viciadas em cirurgia".

"Na medicina chinesa, observamos os meridianos, o fluxo de *qi* pelo corpo. Frequentemente, dependendo da profundidade, essas cirurgias cortam os meridianos ou, pelo menos, deixam cicatrizes. Sempre que se faz uma cicatriz no corpo, interrompe-se a capacidade de o fluxo eletromagnético atravessar essa cicatriz. Isso realmente muda as coisas por lá. Trabalhei com uma acupunturista anos atrás e a primeira pergunta que ela fazia era: 'Você tem alguma cicatriz?'. E antes de fazer qualquer outra coisa, ela fazia a energia fluir em torno dessas cicatrizes, e era simplesmente incrível o que acontecia com as pessoas."

KAREN trouxe seus mais de quinze anos de pesquisa sobre selênio e vitamina E para ajudar a pele a se recuperar de procedimentos de abrasão a laser, bem como de outros tipos de cicatrização de feridas. Sobre como o selênio fornecido por via tópica como L-selenometionina, com a vitamina E, pode ajudar na recuperação da pele, ela disse: "Ambos são bons antioxidantes e ambos são conhecidos por serem anti-inflamatórios. É lógico que eles também ajudariam na cicatrização de feridas". Seu último estudo a convenceu das propriedades combinadas de cura e redução da inflamação dos dois. A vitamina E precisa estar na forma de d-alfa-tocoferol, com uma concentração mínima de 2-5% para ser eficaz. O selênio precisa estar na forma de L-selenometionina, o único tipo absorvido pela pele.

Quando consultar um dermatologista

MARIANNE aconselha consultar um dermatologista se alguma das situações a seguir se aplicar:

- Você tem manchas ásperas e escamosas causadas pela exposição ao sol em seu rosto que não querem cicatrizar.
- Você vê alguma marca incomum no rosto.
- Você tem câncer de pele de alguma forma, pois é fundamental sua detecção precoce. Não é necessariamente perigoso para a sua saúde, mas você pode acabar tendo um grande pedaço do seu rosto cortado e precisar de cirurgia plástica.
- Você tem acne a ponto de não conseguir conviver com ela.
- Você tem rosácea, dependendo da gravidade da doença. A rosácea é difícil de curar, mas consultar um dermatologista pode ajudar a controlar os seus sintomas.
- Você tem um problema de pele que não melhora ou desaparece.

Ela acrescenta: "Acho que todo mundo deveria consultar um dermatologista uma vez por ano para fazer um exame do rosto e do corpo, especialmente se tiver pele clara, para verificar se há danos causados pelo sol. Com a diminuição da camada de ozônio, todos nós nos tornamos mais sensíveis aos danos causados pelo sol".

SHELLEY observa que "os dermatologistas não são treinados em *cuidados* com a pele; eles são treinados em *doenças* de pele. Se meus clientes têm um grande desequilíbrio hormonal, posso oferecer certa quantidade de cuidados externos, mas, quando há um problema interno, às vezes eu os encaminho para o meu acupunturista [John Nieters], para trabalhar internamente. Ou então os encaminho se a pele estiver muito vermelha, inflamada e cística, e percebo que não está melhorando".

ELINA declara com firmeza: "Você *nunca* precisa consultar um dermatologista tradicional. Se um adolescente chega a um dermatologista, começa a tomar antibióticos. Normalmente, os adolescentes começam a ter acne porque seus hormônios ficam desequilibrados e produzem um pouco de óleo em excesso, e esse óleo obstrui os poros e eles começam a ter acne simples aos 13 ou 14 anos. A maioria dos adolescentes tem isso. Infelizmente, a maioria dos dermatologistas *só* prescreve antibióticos. Portanto, esse é o pior lugar para se tratar de problemas de pele".

"As pessoas não precisam de antibióticos; elas precisam de um tratamento de limpeza adequado e de produtos anti-inflamatórios à base de ervas, que as ajudarão a reduzir a atividade bacteriana na pele. Não me importo se alguém não tiver outra opção a não ser tomar antibióticos, mas primeiro é preciso tentar maneiras mais saudáveis. As pessoas precisam ir a especialistas holísticos em cuidados com a pele, para fazer uma limpeza profunda em seus poros e receber orientação apropriada para cuidar da pele com os produtos tópicos certos. Eu treino esteticistas holísticos – a Shelley é uma delas. Trabalho com toda uma rede de médicos que atuam de forma holística. Você pode ter alternativas. Você é responsável por sua saúde."

KAREN diz: "Se você tiver alguma doença de pele, deve procurar um dermatologista para que possamos ajudar. Por exemplo, se você tiver uma erupção cutânea, uma alergia ou acne grave. Os medicamentos de venda livre nunca são tão fortes quanto os remédios que um médico pode dar, e os remédios que um médico pode dar em geral são mais baratos. E ir ao médico uma ou duas vezes geralmente resolve a situação".

ORIENTAÇÃO ADICIONAL DE NOSSOS ESPECIALISTAS

Marianne Damhuis

A importância do prazer

"Fazer coisas de que você gosta é muito bom para você – dança, amor, conexão espiritual profunda, natureza, harmonia, equilíbrio. Se você estiver muito ocupada sendo tão rigorosa em relação a tudo com que não tem nenhum prazer, isso não se refletirá em sua pele.

"Reserve um tempo para você. Tome um bom banho alternado, quente/frio, quente/frio, quente/frio – ao sair do chuveiro, você se sentirá muito bem! Não vai nem sentir vontade de vestir as roupas. Ou simplesmente envolva-se em um sarongue, sente-se e faça uma respiração muito agradável. Você começará a se sentir bem com todo o seu ser. Tome um "banho de ar" quando puder. Se tiver privacidade, ande nu por algum tempo, apenas para sentir o sol em você, apenas para sentir o ar em seu corpo sem roupas, apenas para se sentir mais tocado e mais consciente. Somos sensuais, e todas essas são formas de nos conectarmos com os sentidos e com nosso corpo. Vá para algum lugar na natureza e tome consciência de sua conexão com tudo."

Digerindo sua vida

"Acho que o mais importante é ser capaz de entrar em seu corpo e sentir a si mesmo. E sentir todas as suas emoções, inclusive a raiva ou o que quer que seja. Se você puder apenas se sentar por um minuto, sentir onde está e sentir esse sentimento 100%, ele muda de certa forma. Você não o está afastando, suprimindo ou evitando; está apenas integrando-o, deixando tudo *acontecer*. Assim, você pode brilhar e se sentir bem porque está digerindo e assimilando tudo – sua comida, suas emoções, a *vida*. Acho que tomar suplementos e medicamentos, unicamente, não é assimilado pelo corpo."

Beleza interior

"Vejo a beleza como vida, e viver a vida, digerir a vida. Tudo vai aparecer em seu rosto, na pele. Parte disso é genético: algumas pessoas têm a pele melhor do que outras; algumas não fazem quase nada pela pele e têm uma ótima aparência. Portanto, não significa que você pode fazer uma coisa e ter uma pele bonita. Você simplesmente faz o melhor que pode com o que já tem. A beleza vem de dentro. E se não for uma pele impecável, e daí, se não houver mais nada que a acompanhe?"

Equilíbrio

"O importante é estar confortável em sua própria pele: mantê-la hidratada e arejada, comer bem e sentir-se bem consigo mesmo. E o toque. É uma questão de equilíbrio – não ser viciado em drama, em altos e baixos, e encontrar maneiras de ser estimulado. Acho que isso também se manifesta na pele. Também acho que manter o peso estável faz diferença. Se seu peso fica oscilando o tempo todo, você perde a elasticidade, e isso também aparece na pele."

Estar em contato consigo mesmo

"Sinta os efeitos por si mesmo. Até mesmo com as vitaminas. E com o sol: você pode sentir quando está tudo bem e quando não está. Preste atenção. Se não prestarmos atenção, continuaremos pensando: 'esta é a fórmula; vou fazer isso'. Então, ela funciona para alguns e não funciona para outros. Porque todos nós somos únicos.

"Se você começar a fazer coisas que acha que são boas para você, começará a se sentir melhor consigo mesma. Mesmo que comece de uma forma pequena, como cortar algo que acha que não é bom, você começará a sentir os efeitos e a adotar uma maneira mais positiva de fazer as coisas.

Às vezes, você precisa de um pontapé inicial. É preciso muita disciplina para manter o equilíbrio. Por isso, se você começar com algo pequeno, até mesmo tomar algumas vitaminas, começará a se sentir melhor consigo mesma. E começará a se sentir motivada a cuidar de si mesma.

"Descobri que, quando as pessoas que não costumam fazer tratamentos faciais fazem um, elas se sentem motivadas a cuidar de si mesmas. Elas relaxam profundamente, chegam a um ponto em que enxergam um pouco o outro lado de si mesmas e decidem que querem cultivar a maneira de 'não se preocupar com as coisas pequenas'. Quando você relaxa profundamente, todo o resto pode desaparecer, e você começa a ter mais perspectiva sobre as coisas e a reservar mais tempo simplesmente para isso."

Uso de produtos cosméticos naturais

Marianne se dedica a ingredientes totalmente puros. "Todas as empresas de cosméticos lançam produtos que mencionam 'vitaminas'", declara ela, "mas as vitaminas constituem uma fração muito pequena dos ingredientes e, portanto, não vão fazer nada. Eles dizem 'ingredientes naturais', mas, se você observar os ingredientes, há algumas coisas que não são naturais. Todos eles precisam de conservantes. Tudo isso é apenas propaganda."

Em vez disso, ela usa uma marca chamada Eminence – "orgânica, muito pura. Até onde posso ver, esses produtos são os mais puros do mercado. Eles realmente verificam os ingredientes, são muito cuidadosos e preservam seus produtos por meio dos ácidos de frutas, o ácido salicílico". Ao contrário dos produtos que usam muito ácido salicílico, que afina a pele, "a Eminence usa menos de 1%, apenas para preservar o produto. A maioria dos esteticistas usa muitas coisas diferentes de empresas diferentes, mas eu não uso mais nada". A Eminence é vendida apenas em *spas* e salões de beleza ou pela internet (www.eminenceorganics.com).

Toque

"O toque é uma parte importante do bem-estar. Todo mundo precisa ser tocado. Posso sentir que muitos de meus clientes não são tocados com frequência, que sua pele está faminta por isso. Talvez eles tenham um toque sexual, mas isso é muito diferente do toque amoroso ou do toque curativo. Qualquer toque amoroso é bom. Se você não tem um parceiro ou não recebe um bom toque de um parceiro, pode fazer uma massagem ou um tratamento facial. Quando faço uma massagem ou um tratamento facial em um cliente, vejo que seu rosto muda. Ele fica mais 'amplo', e as rugas diminuem. Talvez isso fosse mais duradouro se ele pudesse permanecer nesse espaço por algum tempo. O toque curativo mantém sua mente em seu corpo e em sua pele." Fazer um tratamento facial curativo leva as pessoas de volta a uma época mais terna, "quando você era pequeno e tinha seu rosto lavado".

Muitas vezes subestimamos a importância de nossa pele, especialmente da pele do rosto. "A pele tem toda essa memória. Guardamos muita coisa em nosso rosto. E o rosto é realmente um lugar muito delicado. É a primeira parte do corpo a receber impressões ou a nos defender. Há muita coisa que acontece no rosto."

Tornando-se consciente

"É importante dar atenção e amor a si mesmo, conscientemente. Saber o que está colocando no rosto, apreciar os cheiros, a textura, tudo. Não colocar um produto de forma distraída, mas realmente *senti-lo* em seu rosto. Traçar as linhas do rosto, dar tapinhas no rosto – estar totalmente presente com ele, em vez de apenas aplicar o produto e fazer outra coisa. Até mesmo esse pequeno ato penetra em todo o seu ser. Os sentidos são um caminho para o espírito. O espírito é sua conexão consigo mesmo, com a natureza e com tudo o mais."

Sua rotina diária de beleza

"É importante ter uma rotina diária de beleza pela manhã e à noite. O mais importante é a limpeza, a esfoliação e a hidratação. Esfoliar uma vez por dia ou uma vez por semana, dependendo do esfoliante. Eu faço isso no chuveiro. E limpe seu rosto duas vezes por dia. De manhã, faça a esfoliação ou a limpeza e, em seguida, use um hidratante e um protetor solar. À noite, a mesma coisa: use um hidratante ou, se sua pele for muito seca, um bom creme noturno. Tonificar também é importante. E uma máscara – você pode simplesmente entrar na banheira e passar uma boa máscara no rosto, sentar e relaxar. É uma sensação muito boa."

Shelley Rosenfeld

Shelley analisa a pele de seus clientes para determinar "se ela é oleosa, seca, sensível, se tem capilares rompidos, rosácea, pigmentação, e assim por diante", e direciona cada tratamento facial para as necessidades da pele, usando ervas, minerais e óleos essenciais. "Eu faço uma mistura de chá de ervas e coloco compressas em seu rosto. Algumas misturas de chá acalmam a pele; outras estimulam a circulação. Cada tratamento facial é diferente."

Tipo de pele vs. condição da pele

Todos têm um *tipo* de pele inato, bem como uma *condição* de pele, com base em estresses pessoais e ambientais. "O estresse pode ressecar a pele e causar erupções cutâneas. Até mesmo manchas marrons podem ser causadas por traumas. Os hormônios, o sol e o trauma afetam a condição da pele. Portanto, uso produtos apropriados para o *tipo* de pele, mas estou tratando a *condição* da pele.

"Todas as pessoas sabem se sua pele é oleosa ou seca. Mas há uma diferença entre ser *seca* e estar *desidratada*. Ser *seca* significa que, geneticamente, a pessoa não produz muito óleo em suas glândulas sebáceas; estar *desidratada* significa que não há conteúdo suficiente de água. A pele geralmente é a primeira parte do corpo a apresentar desidratação, porque nossos órgãos internos precisam de hidratação primeiro. A desidratação é o que faz com que a pele fique repuxada."

Produtos cosméticos

"Muito do que está disponível em produtos de venda livre lida com o *tipo* de pele – se é oleoso ou seco –, mas não lida tanto com a *condição:* vermelhidão, capilares dilatados, manchas marrons. Os medicamentos de venda livre para acne, na verdade, ressecam a pele. E o conteúdo de óleo e água da pele precisa ser equilibrado. Por isso, sou uma grande defensora dos tratamentos de cuidados com a pele. Há também coisas naturais que você pode fazer em casa.

"Muitos dos ingredientes dos produtos feitos pela Elina que eu uso incluem espinheiro-marítimo, âmbar e enxofre orgânico. Eu uso clorofila líquida na pele para acalmá-la; o leite de cabra em pó ajuda com as manchas marrons. Tudo o que uso é natural. Aprendi tudo isso com ela. Quando tomamos vitaminas, apenas 20% chegam à nossa pele, porque nossos órgãos internos as absorvem e usam primeiro. O uso *tópico* de vitaminas permite que elas cheguem à pele. Os produtos de Elina são ervas; são amarelos e marrons. Seus produtos não são brancos, porque não contêm cera. O antioxidante ajuda a curar a pele e a produção de colágeno. À medida que envelhecemos, a produção de colágeno, que dá à pele sua firmeza, fica mais lenta. Até certo ponto, há coisas tópicas que podemos fazer para aumentar os níveis de colágeno.

"A maioria dos produtos vai apenas para a *epiderme* da pele. Como seus transportadores são cremes espessos, eles têm moléculas grandes, que não entram na pele. Os produtos da Elina vão para a *derme,* onde o colágeno e a elastina são produzidos, portanto entram no sangue. Os resultados que obtenho usando produtos naturais são incríveis. A pele das pessoas fica com um tom mais uniforme, com aparência mais fresca, e a acne melhora muito. Não tenho medo – 'Oh, meu Deus, você está envelhecendo!'. E os clientes que me procuram são mais naturais, não usam maquiagem e não se importam em envelhecer graciosamente."

Proteja-se com conhecimento

É importante ler os rótulos. "Evite produtos com óleo mineral, petrolato, parabenos, lauril sulfato de sódio, álcool, propilenoglicol, cores ou fragrâncias artificiais e ftalatos. Esses ingredientes são tóxicos. Muitas marcas de venda livre usam formaldeído para proporcionar uma longa vida útil, de modo que as pessoas estão realmente colocando formaldeído na pele. As empresas de cuidados com a pele os utilizam porque são baratos. O fato de os produtos serem sofisticados não significa que sejam bons. Significa apenas que eles gastam muito dinheiro em marketing. Você pode pesquisar qualquer ingrediente na internet para se tornar mais consciente e responsável sobre o que está colocando na pele: www.safecosmetics.org e www.ewg.org."

Rotina diária de beleza

1. Limpe com um produto de limpeza facial. O sabonete é ruim para a pele – ele tem um pH muito alto e, portanto, retira toda a oleosidade do rosto, desidratando completamente a pele. Para a pele seca, os produtos de limpeza leitosos são melhores; para a pele oleosa, os que fazem espuma são melhores.
2. Faça uma esfoliação para remover as células mortas da pele. À medida que envelhecemos, a produção de enzimas que eliminam a pele morta fica mais lenta. Os esfoliantes aceleram o processo. Para peles mais grossas, o uso diário é bom; para peles mais finas, duas vezes por semana.
3. Hidrate.
4. Proteja-se com protetor solar.

Elina Fedotova

Produtos naturais e orgânicos para cuidados com a pele

Elina fabrica seus próprios produtos para cuidados com a pele e o corpo com ingredientes orgânicos e totalmente naturais. Sua linha de produtos muda de acordo com a estação: "Se você consome sempre a mesma sopa, acaba enjoando dela, e o mesmo acontece com os produtos para cuidados com a pele". Seus ingredientes incluem, entre outros, camomila; raiz de bardana; espinheiro-marítimo; âmbar do Báltico; proteínas; vitaminas como palmitato C, D e E; extrato de semente de uva; extrato de gérmen de trigo, ácido kójico e raiz de alcaçuz. Os ingredientes ativos são extraídos naturalmente de plantas e vegetais.

Proporcionando os benefícios através da pele

Elina produz uma mistura de infusões de ervas que encapsulam os lipossomos para uma aplicação profunda na derme. "Não podemos de fato afetar profundamente a pele sem criar produtos transdérmicos de penetração profunda. Uma maneira é encapsular todos os ingredientes ativos no lipossomo. Os lipossomos agem como um veículo que fornece esses superantioxidantes anti-inflamatórios – ingredientes muito curativos – profundamente na derme." Isso contrasta com a maioria dos produtos para cuidados com a pele, que são emulsionados por ceras brancas e sintéticas. "Mesmo que contenham ervas benéficas, essas ervas nunca têm a chance de penetrar na derme através da barreira da pele."

Ela usa muitas das ervas recomendadas no programa FACE. "O ginseng siberiano energiza, restaura e repara a pele em nível celular, proporcionando uma aparência mais firme e jovem. E o extrato de semente de uva é um poderoso antioxidante para restaurar a pele. Quando as pessoas começam a tomar o extrato de semente de uva, muitas vezes elas têm menos manchas de pigmentação, menos manchas decorrentes do fígado ou menos manchas causadas pelo sol."

"Todas as minhas ervas incluem antioxidantes. Por exemplo, em um frasco do meu hidratante antirrugas, há cavalinha, ginseng, cassis (um antioxidante muito poderoso), *gotu kola* (também um antioxidante muito poderoso), camomila, banana-da-terra, castanha-da-índia (um anti-inflamatório muito poderoso) e erva-de-são-joão (um antidepressivo e anti-inflamatório muito poderoso). Todos eles estão em meus produtos. Você pode ingerir meus produtos com uma colher, ficar calmo e relaxado e reduzir seu nível de cortisol."

A aromaterapia pode ser boa para sua pele

O estresse também pode ser reduzido por belos aromas naturais, e todos os produtos contêm uma mistura de óleos aromaterapêuticos. "As pessoas gostam de usar pela manhã meu hidratante antirrugas, que tem uma mistura de óleos essenciais como ylang ylang, sândalo e lavanda. A lavanda é muito relaxante e calmante. O sândalo e o ylang ylang são muito benéficos para a pele e também são uma combinação afrodisíaca, por isso a pessoa se sente mais sensual, mais relaxada, mais feliz. Se ela se sentir feliz, não se sentirá estressada. Se não se sentir estressada, seus níveis de cortisol diminuem."

A importância de ler o rótulo

Elina observa que raramente as pessoas leem os rótulos dos produtos cosméticos ou entendem a natureza dos ingredientes. "Os produtos para cuidados com a pele devem *nutrir* sua pele, assim como os alimentos nutrem todo o seu corpo. Não tenho nada em meus produtos que não seja benéfico individualmente. Em vez de usar ceras emulsificantes, uso salicilatos de soja. Se a emulsão for feita de ceras tóxicas, vaselina ou coisas artificiais, é como se você fizesse uma sopa de vegetais orgânicos e os diluísse em um saco plástico. Toda a solução deve ser benéfica, e não deve haver tanta diferença entre os ingredientes ativos e os não ativos."

Ela recomenda enfaticamente analisar os produtos de cuidados com a pele antes de comprá-los, sobretudo lendo o rótulo em busca de bons ingredientes. "Uma empresa pode misturar alguns ingredientes e chamar essa solução de determinado nome comercial. Por isso é tão importante analisar os ingredientes." Ela sugere fazer uma pesquisa no Google ou no Yahoo para obter as definições dos ingredientes.

Use alimentos orgânicos em seu rosto

"Em vez de usar produtos questionáveis para o cuidado da pele, cheios de conservantes e ceras, se tiver bons alimentos na geladeira – legumes e frutas cultivados de forma orgânica, iogurte feito de leite orgânico com probióticos ativos (por exemplo, da Horizon) e nenhum alimento altamente processado –, você pode lavar o rosto com iogurte ou leitelho orgânico. Isso será muito melhor do que produtos de limpeza com sabão cheios de detergentes como o lauril sulfato de sódio, que causa cegueira em ratos. E você pode triturar frutas e vegetais orgânicos no liquidificador e fazer uma máscara. Misture com farinha de aveia orgânica. A aveia tem todos os tipos de nutrientes para sua pele." Ela também sugere o uso de azeite de oliva como hidratante e uma mistura de mamão (papaína) e abacaxi (bromelaína) como esfoliante.

"Se eu perdesse meus produtos ou minha mala durante uma viagem, jamais compraria produtos comerciais. Eu iria a uma loja de alimentos naturais e compraria algumas frutas e vegetais. Colocaria abacate para suavizar meu rosto e usaria pepinos em meus olhos. A maioria dos alimentos proporciona máscaras muito boas. Você pode sobreviver por um tempo usando apenas alimentos." Os alimentos também podem complementar a saúde de sua pele. "Não custa nada esmagar algumas frutas e vegetais várias vezes por semana e aplicá-los no rosto como uma máscara para obter um efeito extra; por exemplo, experimente morangos orgânicos. Estou enfatizando *orgânico* porque isso significa que foi cultivado sem fertilizantes tóxicos, herbicidas e pesticidas. Se você tiver essa boa alimentação, estiver se alimentando bem e aplicar essas máscaras, provavelmente não terá nenhum estresse. Você aproveitará seu tempo de aromaterapia, comerá bem, colocará bons alimentos no rosto, e, é claro, se usar meus produtos, sua pele terá uma aparência jovem."

Sua rotina diária de beleza

"Há três etapas básicas: limpar, tonificar e hidratar. Limpe com um produto de limpeza especialmente formulado para o seu rosto. Não use sabonete!" Os produtos e o tratamento a serem usados dependem de seu tipo de pele – seca a normal; normal a oleosa; danificada pelo sol; propensa a acne. Veja a seguir as etapas básicas de Elina para cuidar dos dois tipos mais comuns:

Pele seca a normal

Pela manhã

1. Umedeça o rosto e aplique o Elina's Gentle Cleanser (limpador suave) e o Eye Makeup Remover (removedor de maquiagem para os olhos), da Elina. Faça movimentos circulares suavemente até espumar. Enxágue bem. Seque com batidinhas.
2. Borrife o rosto com o Botanical Toner for Dry and Sensitive Skin (tônico botânico para pele seca e sensível). Seque com um lenço de papel ou algodão.

3. Espalhe uma pequena quantidade de Elite Formula (fórmula Elite) sobre o rosto.
4. Aplique o Intensive Eye Revitalization Complex (complexo intensivo de revitalização dos olhos) ao redor da área dos olhos e/ou do pescoço, conforme necessário.
5. Use o Ambra Lift (elixir Ambra Lift) para levantar, revitalizar e energizar a pele.
6. Hidrate com Elina Sun Shelter Makeup (maquiagem com proteção solar).

À noite

1. Use o Gentle Cleanser (limpador suave) e o Eye Makeup Remover (removedor de maquiagem para os olhos), como pela manhã.
2. Use o Botanical Toner for Dry and Sensitive Skin (tônico botânico para peles secas e sensíveis), como pela manhã.
3. Espalhe uma pequena quantidade de Cream for Dry and Mature Skin (creme para pele seca e madura) no rosto.
4. Aplique o Intensive Eye Revitalization Complex (complexo intensivo de revitalização dos olhos), como pela manhã.

Pele normal a oleosa

Pela manhã

1. Umedeça o rosto e aplique o Gentle Cleanser for Oily Skin (limpador suave para pele oleosa). Faça movimentos circulares suavemente até espumar. Enxágue bem. Seque com batidinhas.
2. Borrife o rosto com Alcohol-Free Herbal Toner (tônico herbal sem álcool). Seque com um lenço de papel ou algodão.
3. Aplique a Oil Control Formula (fórmula de controle da oleosidade) nas áreas oleosas ou com tendência a acne, para minimizar os poros e eliminar as bactérias.

4. Espalhe uma pequena quantidade do Anti-Wrinkle Liposome Moisturizer (hidratante lipossômico antirrugas) nas áreas secas do rosto.
5. Aplique o Intensive Eye Revitalization Complex (complexo intensivo de revitalização dos olhos) ao redor da área dos olhos e/ou do pescoço, conforme necessário.
6. Use o Ambra Lift (elixir Ambra Lift) para levantar, revitalizar e energizar a pele.
7. Aplique Oil-Free Mineral Makeup (maquiagem mineral sem óleo).

À noite

1. Use o Gentle Cleanser (limpador suave) e o Eye Makeup Remover (removedor de maquiagem para os olhos), como pela manhã.
2. Use o Alcohol-Free Herbal Toner (tônico herbal sem álcool), como pela manhã.
3. Espalhe uma pequena quantidade do Super Antioxidant Liposome Night Cream (creme superantioxidante lipossômico noturno) sobre o rosto.
4. Aplique o Intensive Eye Revitalization Complex (complexo intensivo de revitalização dos olhos) ao redor da área dos olhos e/ou do pescoço, conforme necessário.

John Nieters

A acupuntura reequilibra o sistema nervoso

A acupuntura é um sistema chinês com pelo menos seis mil anos de idade, no qual pequenas agulhas são inseridas em pontos-chave do corpo, ao longo de vias de energia chamadas meridianos. Quando o corpo está funcionando em sua capacidade plena de saúde, a energia (*qi*) flui livremente pelos meridianos. Quando há uma doença, enfermidade ou mau funcionamento de qualquer tipo, a energia não flui livremente. A acupuntura pode corrigir essa situação ao reequilibrar os sistemas nervosos simpático e parassimpático.

O estresse e a pele

"É um pouco diferente da medicina ocidental", afirma John. Por exemplo, "na medicina chinesa, falaríamos sobre uma situação de saúde em muitos termos – digamos, 'percorrer o fígado e retificar o *qi*'. Isso significa alterar o fluxo sanguíneo, permitindo um nível diferente de movimento energético. Fisiologicamente, isso diminui a resposta do sistema nervoso simpático. Altera os padrões de neurotransmissores, os padrões hormonais, para que você possa realmente entrar em um nível mais profundo de relaxamento. *Porque quando você está em um estado elevado do sistema nervoso simpático, em um estado elevado da função suprarrenal, como ocorre quando se enfrenta um tigre, a cura é uma prioridade muito baixa.* E os hormônios do estresse que são liberados são extremamente prejudiciais à pele. Eles são *catabólicos* – *destroem* o tecido –, em vez de serem *anabólicos,* que *constroem* o tecido. Portanto, sempre que você está sob estresse, isso desgasta *todos* os tecidos. E um dos locais onde isso mais se manifesta é na pele.

"Quando você se submete à acupuntura, ela *diminui* a atividade do sistema nervoso simpático e *eleva* a atividade do sistema parassimpático para que seu corpo possa se curar. No caso da pele, isso se torna fundamental, pois, à medida que envelhecemos, a taxa de renovação do tecido se torna muito mais lenta. Assim, quando somos jovens, a renovação pode ocorrer a cada vinte ou trinta dias; quando chegamos aos 50 anos, pode ocorrer a cada sessenta dias. Portanto, a pele, fisicamente, está muito mais velha. E se estiver sendo danificada por problemas externos ou por falta de nutrição interna, ela se desgasta horrivelmente.

"Portanto, trabalho com os pacientes para reequilibrar essa reação ao estresse. Ensino a todos os meus pacientes de acupuntura cosmética algumas técnicas de respiração ou alguma forma de criar relaxamento. Porque isso faz uma enorme diferença no sucesso do tratamento."

Há três caminhos principais a seguir quando se trata de tratamento com acupuntura:

1. **Aumentar o *qi* no sangue:** "Isso funciona por meio da *estimulação, principalmente* em pontos de acupuntura. Usamos agulhas muito pequenas no rosto, talvez sessenta ou setenta. Fazemos o que chamamos de 'técnica do ápice', em que usamos três agulhas muito próximas umas das outras. Isso significa que não precisamos agulhar tão profundamente ou usar uma agulha tão grande, mas ainda assim obtemos um ótimo efeito. Isso faz o que a acupuntura foi projetada para fazer – aumentar o fluxo sanguíneo e o 'fluxo de *qi*' na área. A pessoa fica com muito formigamento; seu rosto parece estar ganhando vida novamente".
2. **Criar uma matriz de colágeno:** "Usamos 'técnicas de rosqueamento' – utilizando agulhas mais longas e colocando agulhas sob a pele, sobretudo em sulcos profundos e áreas em que o tecido está realmente danificado e onde a matriz de colágeno foi

praticamente destruída. Isso faz com que o corpo perceba que foi atacado e comece a trazer mais colágeno para o local, causando uma espécie de microescara sob a superfície, o que aumentará ou preencherá o tecido. É como receber uma injeção de colágeno, só que é o seu *próprio* colágeno. Essa é uma técnica muito boa para pessoas com linhas muito profundas na testa ou próximo a ela ou ao longo do sulco nasal/labial abaixo do nariz".

3. **Reativar o sistema de macrófagos:** "Quando você coloca uma agulha em qualquer local específico do corpo, seja um ponto de acupuntura ou não, isso chama a atenção do corpo para aquela área. Atualmente, existe uma técnica ocidental chamada proloterapia. Ela está se tornando muito popular para o tratamento de lesões discais e esportivas. O terapeuta coloca uma agulha hipodérmica e injeta alguma substância que irrita a área. Então o corpo diz: 'Oh, espere um minuto, há uma lesão aqui. É melhor voltarmos e consertá-la'. Assim, os macrófagos – as células enormes que vêm e comem os detritos do corpo – são reativados e voltam ao local da lesão. Em determinado ponto do processo de lesão, o corpo parece se esquecer dela e, com frequência, a lesão não cicatriza completamente. Mas se você voltar e fizer acupuntura nesse local, o corpo voltará e realizará mais cura".

Como encontrar um acupunturista facial em sua região

"Agora é mais fácil encontrar pessoas que de fato tenham sido treinadas para fazer acupuntura facial, especificamente. Os sites de acupuntura cosmética agora estão disponíveis na internet. Se você pesquisar no Google, algumas das principais escolas aparecerão e recomendarão profissionais."

PALAVRAS FINAIS...

Alguns últimos conselhos de nossos especialistas:

MARIANNE DAMHUIS "O corpo está sempre se movendo em direção à própria cura. Portanto, o que você quer fazer é proporcionar a ele o ambiente ideal para se curar."

SHELLEY ROSENFELD "Cuidar da pele não deve ser uma obsessão. Deve ser apenas parte de uma boa alimentação e de uma abordagem holística da vida."

ELINA FEDATOVA "Quando você quer estar linda para uma ocasião especial, provavelmente vai à sua loja favorita. Ou talvez chegue à conclusão de que o vestido que a deixará mais bonita deve ser desenhado especificamente para você. Mas quantas vezes você usará esse vestido pelo qual se esforçou tanto? Provavelmente apenas uma ou duas vezes. No entanto, você usa sua pele para o resto da vida."

JOHN NIETERS "Vejo que as pessoas obtêm resultados muito bons quando fazem um programa nutricional e consultam alguém como a Shelley para fazer tratamentos faciais e depois fazem o trabalho de *chi gung* na acupuntura facial. O resultado é simplesmente fabuloso."

KAREN BURKE "Larry Dossey, M.D., escreveu um livro chamado *The Body Is the Healer* (O corpo é o curador), e eu concordo. O corpo se regula sozinho. Não precisamos necessariamente de mais de tudo o tempo todo."

... E MINHAS PRÓPRIAS CONSIDERAÇÕES FINAIS

Comprometer-se com um regime de beleza de redução do estresse por meio do programa FACE e seguir os caminhos de cuidados naturais com a pele sugeridos aqui mostrará gradualmente uma diferença no que sua vida pode ser. A beleza é realmente um trabalho interno, e agora você tem todas as ferramentas para isso. Com o passar do tempo, você terá um rosto realmente bonito, e saberá disso de dentro para fora e de fora para dentro.

APÊNDICE A

RECEITAS

Aqui está uma semana inteira de deliciosas receitas de café da manhã, almoço e jantar – sete receitas para cada refeição. Sinta-se à vontade para misturá-las e combiná-las a cada dia, de acordo com seu gosto. E quando não puder se deliciar com uma dessas refeições excelentes, tenha em mente as "regras" do Helping Hand e combine seus carboidratos, gorduras e proteínas de acordo com elas.

Essas receitas foram especialmente elaboradas para nós pelo *chef* Michael Saccone, de Nova York. Cada refeição foi criada para incorporar o maior número possível de nutrientes favoráveis ao programa FACE. Desde os 14 anos de idade, Michael Saccone trabalhou em vários restaurantes, empresas de bufê e clubes. Mais notável ainda é que ele foi aprendiz no Le Bec Fin, de George Perrier, na Filadélfia, trabalhou no Le Cirque, de quatro estrelas, em Nova York, e cozinhou exclusivamente para vários clientes de alto nível. Como *personal chef*, ele adquiriu experiência em culinária voltada para a saúde. Atualmente, trabalha para Maury Povich em seu estúdio de televisão e na casa de sua família. Michael também é proprietário da City Chef Corporation, que produz acompanhamentos preparados que acompanham carnes, aves e frutos do mar para os principais mercados especializados de Manhattan. Michael reside em Nova York com sua esposa, Adrienne, e duas filhas pequenas, Catherine e Elizabeth.

Bon appétit!

CAFÉ DA MANHÃ

PANQUECAS DE AVEIA E MIRTILO COM MANTEIGA DE AMÊNDOA

Panquecas feitas com aveia, um pouco de farinha e leitelho, recheadas com mirtilos, cobertas com creme de manteiga com pasta de amêndoas adocicada.

½ xícara de farinha de trigo
1 xícara de aveia em flocos
½ colher de sopa de fermento em pó
½ colher de sopa de bicarbonato de sódio
½ colher de chá de sal
1½ xícara de leitelho ou leite
2 colheres de sopa de óleo de amendoim
3 ovos, separados
350 gramas de mirtilos
½ tablete de manteiga amolecida (mais um pouco para o cozimento - cerca de 1 colher de sopa)
60 gramas de pasta de amêndoas ou marzipã

Amasse a pasta de amêndoas e a manteiga em uma tigela com o dorso de uma colher ou misture em um processador de alimentos até que estejam bem incorporadas e macias. Reserve.

Peneire os ingredientes secos. Em uma tigela grande, bata as gemas e adicione gradualmente o óleo de amendoim e, em seguida, o leitelho. Bata as claras em neve até obter picos macios.

Comece a aquecer a grelha ou a frigideira em fogo médio.

Gradualmente, junte os ingredientes secos à mistura de gemas, incorporando-os e parando quando os ingredientes estiverem bem mesclados. Acrescente as claras batidas em neve, começando com um pouco, para clarear a mistura, e depois acrescentando o restante. Adicione os mirtilos.

Teste a frigideira com uma gota de água (ela deve chiar, não evaporar instantaneamente). Adicione cerca de uma colher de chá de manteiga à frigideira, girando-a para cobrir toda a superfície. Quando a manteiga estiver fervilhando, mas ainda não estiver marrom, coloque a massa da panqueca na frigideira com uma concha. As panquecas devem parecer firmes e ter furinhos bem formados quando você as virar. Doure o outro lado e continue o procedimento com as próximas panquecas, acrescentando manteiga conforme necessário. Sirva quente com manteiga de amêndoas espalhada sobre as panquecas, como em uma torrada.

Rende 4 porções.

POR PORÇÃO: 502 CALORIAS (KCAL)
~ 28 G DE GORDURA ~ 11 G DE GORDURA SATURADA ~ 177 MG DE COLESTEROL
~ 14 G DE PROTEÍNA ~ 827 MG DE SÓDIO ~ 49 G DE CARBOIDRATOS ~ 6 G DE FIBRAS
~ 20 G DE AÇÚCAR ~ 366 MG DE CÁLCIO

OMELETE DE SALMÃO DEFUMADO E RÚCULA

Omelete recheada com salmão defumado e rúcula apimentada, salteada com cebola Bermudas[3]

1 colher de sopa de azeite de oliva
1 cebola Bermudas pequena
1 maço de rúcula
½ colher de sopa de alcaparras
1 pitada de pimenta vermelha em flocos
4 ovos grandes
1 colher de sopa de leite
½ colher de chá de sal
120 gramas de salmão defumado

Retire a casca da cebola, remova o miolo, divida ao meio e corte em fatias finas de cerca de três milímetros.

Coloque uma frigideira em fogo médio, adicione cerca de meia colher de sopa de azeite de oliva e as fatias de cebola, cozinhe-as até ficarem macias, virando-as de vez em quando - cerca de quatro minutos.

Corte os talos da rúcula, lave em uma tigela grande com água fria, remova as folhas e sacuda a água.

Aumente o fogo das cebolas, acrescente um pouco mais de azeite de oliva, se necessário, os flocos de pimenta vermelha, as alcaparras e a rúcula, adicione uma pitada de sal. Cozinhe, mexendo com frequência, até que a rúcula murche, cerca de um minuto. Coloque a mistura em uma peneira que esteja sobre uma tigela. Limpe a panela com um papel-toalha e volte ao fogão, reduzindo o fogo para médio.

Misture os ovos com leite e sal. Adicione mais meia colher de sopa de azeite de oliva à frigideira e mexa. Quando uma gota de água de teste começar a borbulhar, adicione os ovos à frigideira. Deixe os ovos começarem a endurecer por alguns segundos e mexa delicadamente com uma espátula, permitindo que os ovos endureçam um pouco mais antes de continuar a mexer. Quando os ovos estiverem cerca de dois terços cozidos, reduza o fogo para baixo e deixe a omelete tomar forma. Coloque a mistura de verduras sobre metade da omelete, e cubra com o salmão. Quando os ovos estiverem prontos, vire o lado vazio da omelete sobre o recheio, para dar forma à omelete, e, em seguida, coloque-a em um prato de servir.

Rende uma omelete grande que serve 2 porções.

3. N. R.: as cebolas Bermudas são uma variedade de cebola doce associada à ilha das Bermudas. São grandes e relativamente achatadas, com uma casca fina que as torna bastante perecíveis.

POR PORÇÃO: 298 CALORIAS (KCAL)
~ 19 G DE GORDURA ~ 5 G DE GORDURA SATURADA ~ 437 MG DE COLESTEROL
~ 24 G DE PROTEÍNA ~ 1.929 MG DE SÓDIO ~ 6 G DE CARBOIDRATOS
~ 1 G DE FIBRA ~ 3 G DE AÇÚCAR ~ 102 MG DE CÁLCIO

BISCOITOS DOCES DE CAFÉ DA MANHÃ E AMEIXAS SECAS COM GENGIBRE

"Biscoitos" de café da manhã feitos com painço tostado e servidos com ameixas secas cozidas

¼ de xícara de sementes de painço sem casca
⅔ de xícara de água
1 xícara de farinha de trigo
2 colheres de chá de fermento em pó
⅓ de xícara de açúcar
4 colheres de sopa de manteiga
1 ovo
1 colher de chá de baunilha
1 pedaço de gengibre fresco de cerca de 2,5 centímetros, descascado
1 xícara de ameixas secas sem caroço

Toste o painço em uma panela em fogo médio-baixo até dourar e começar a estourar. Acrescente água, tampe a panela e reduza o fogo para baixo; cozinhe até que o líquido desapareça, cerca de quinze minutos.

Bata a manteiga e o açúcar; acrescente o ovo e a baunilha. Peneire a farinha e o fermento juntos na mistura de manteiga. Acrescente o painço torrado.

Coloque colheradas da mistura em uma assadeira levemente untada com spray antiaderente ou revestida com papel-manteiga. Asse por cerca de doze minutos ou até dourar. Deixe esfriar na assadeira.

Corte o gengibre ao meio e coloque-o em uma panela pequena com as ameixas. Adicione água suficiente para cobrir e leve ao fogo brando. Cozinhe por vinte minutos, transfira para uma tigela e leve à geladeira até esfriar e formar um xarope espesso, cerca de três horas.

Rende oito biscoitos; serve 4 porções.

POR PORÇÃO: 454 CALORIAS (KCAL)
~ 13 G DE GORDURA ~ 7 G DE GORDURA SATURADA ~ 77 MG DE COLESTEROL
~ 7 G DE PROTEÍNA ~ 281 MG DE SÓDIO ~ 78 G DE CARBOIDRATOS ~ 5 G DE FIBRAS
~ 33 G DE AÇÚCAR ~ 204 MG DE CÁLCIO

PARFAIT DE IOGURTE CROCANTE

Parfait feito com camadas alternadas de frutas vermelhas, iogurte de baunilha e granola

175 g de mirtilos
175 g de framboesas
2 colheres de sopa de mel
2 barras de granola, esfareladas
1 xícara de iogurte de baunilha com baixo teor de gordura

Coloque os mirtilos e as framboesas em tigelas separadas; espalhe uma colher de sopa de mel em cada tigela, cobrindo bem as frutas. Coloque na geladeira por uma hora, mexendo delicadamente a cada quinze minutos.

Em duas xícaras ou copos altos, coloque camadas alternadas da seguinte forma: iogurte, granola, mirtilos, iogurte, granola, framboesas, iogurte e uma última camada de granola salpicada.

Rende 2 porções.

POR PORÇÃO: 369 CALORIAS (KCAL)

~ 5 G DE GORDURA ~ 0 G DE GORDURA SATURADA ~ 0 MG DE COLESTEROL
~ 7 G DE PROTEÍNA ~ 141 MG DE SÓDIO ~ 76 G DE CARBOIDRATOS ~ 9 G DE FIBRAS
~ 47 G DE AÇÚCAR ~ 142 MG DE CÁLCIO

MUFFINS DE AVELÃ E TRIGO-SARRACENO

Um dos meus favoritos para o café da manhã, esses muffins são feitos com farinha de trigo-sarraceno e aromatizados com avelã, laranja e passas

¾ de xícara de uvas-passas
1 laranja
1 xícara de avelãs escaldadas, picadas
1¼ de xícara de farinha de trigo
1 xícara de farinha de trigo-sarraceno
1 colher de sopa de fermento em pó
½ colher de sopa de bicarbonato de sódio
1 colher de chá de sal
¼ de colher de chá de cravo em pó
6 colheres de sopa de manteiga
½ xícara de açúcar
2 ovos
½ xícara de *sour cream*[4]

Preaqueça o forno a 190°C.

Em uma tigela própria para micro-ondas, raspe a casca e esprema o suco da laranja. Acrescente as passas. Cubra com plástico e leve ao micro-ondas por trinta segundos. Deixe descansar para que as uvas passas cresçam.

Toste as avelãs em uma assadeira no forno.

Peneire os ingredientes secos juntos.

Bata a manteiga e o açúcar até se tornar um creme fofo. Continue misturando, adicionando um ovo de cada vez, deixando o primeiro ovo incorporar completamente antes de adicionar o segundo. Adicione o creme azedo e a mistura de passas. Acrescente os ingredientes secos até obter uma mistura homogênea. Junte as avelãs.

Encha cada forminha de *muffin* forrada com papel até três quartos da altura. Asse por cerca de quinze minutos ou até dourar. Deixe esfriar na forma.

Rende cerca de 12 *muffins*.

4. N. R.: o *sour cream* é um tipo de creme azedo, comum nos Estados Unidos, e pode ser substituído por coalhada seca ou iogurte grego natural.

POR PORÇÃO: 349 CALORIAS (KCAL)
~ 20 G DE GORDURA ~ 6 G DE GORDURA SATURADA ~ 50 MG DE COLESTEROL
~ 7 G DE PROTEÍNA ~ 303 MG DE SÓDIO ~ 34 G DE CARBOIDRATOS ~ 4 G DE FIBRAS
~ 16 G DE AÇÚCAR ~ 66 MG DE CÁLCIO

OVOS FLORENTINOS COM PARMESÃO

Torrada de grãos integrais coberta com espinafre salteado, pimentões vermelhos e azeitonas fatiadas, finalizada com ovos gratinados

2 maços de espinafre
1 pimentão vermelho
¼ de xícara de azeitonas
Azeitona sem caroço
1 chalota pequena
½ colher de sopa de azeite de oliva
4 ovos
1 colher de chá de vinagre
90 gramas de queijo parmesão ralado
2 fatias de pão de sete grãos

Corte os talos do espinafre e coloque-o em uma tigela grande com água fria. Retire as folhas e coloque-as em uma peneira. Escorra a água, enxágue os resquícios de terra da tigela e repita.

Corte o pimentão ao meio. Remova o caule, as sementes e as partes brancas do interior; corte as metades em pedaços de cerca de três milímetros.

Escorra as azeitonas e corte-as em quartos. Descasque a chalota e pique.

Encha uma panela rasa com água e leve ao fogo brando. Acrescente o vinagre e quebre os ovos, um de cada vez, soltando-os cuidadosamente na água o mais próximo possível da superfície. Escalfe os ovos até o ponto de cozimento desejado.

Enquanto os ovos escalfam, aqueça uma frigideira em fogo alto, adicione cerca de meia colher de sopa de azeite de oliva e adicione os pimentões. Refogue até ficarem macios; adicione a chalota e cozinhe por mais trinta segundos, mexendo sempre. Acrescente o espinafre e mexa até murchar. Tempere com sal e pimenta. Transfira para uma peneira apoiada em uma tigela e deixe escorrer.

Toste o pão em uma assadeira sob o grelhador, virando-o para tostar os dois lados. Coloque metade da mistura de espinafre em cada fatia, certificando-se de cobrir o pão completamente. Em seguida, coloque dois ovos escalfados (*poché*) em cima de cada camada de mistura de espinafre. Polvilhe com queijo e coloque a frigideira sob o grelhador novamente até o queijo dourar, cerca de trinta segundos.

Rende 2 porções.

POR PORÇÃO: 391 CALORIAS (KCAL)
~ 20 G DE GORDURA ~ 4 G DE GORDURA SATURADA ~ 373 MG DE COLESTEROL
~ 24 G DE PROTEÍNA ~ 1.149 MG DE SÓDIO ~ 32 G DE CARBOIDRATOS
~ 10 G DE FIBRAS ~ 6 G DE AÇÚCAR ~ 429 MG DE CÁLCIO

FRITTATA DE JARDIM

Frittata recheada com brócolis, tomate, acelga e cebola roxa, acompanhada de um pouco de massa integral

8 ovos grandes
60 gramas de macarrão Soba seco
1 xícara de floretes de brócolis
1 maço de acelga suíça, cortada e lavada
1 tomate
1 pimentão amarelo
1 cebola roxa
1 dente de alho picado
⅛ de colher de chá de
pimenta vermelha em flocos
Sal a gosto
½ colher de sopa de azeite de oliva

Preaqueça o forno a 180°C.

Ferva água em uma panela de tamanho médio. Adicione sal suficiente para que ela tenha quase o gosto da água do mar. Encha uma tigela grande com água gelada.

Cozinhe os brócolis em água fervente com sal até ficarem macios, cerca de dois a três minutos. Retire-os da água com uma escumadeira e mergulhe-os diretamente na água gelada. Repita o processo com a acelga. Escorra e reserve. Cozinhe o macarrão Soba em água salgada, escorra e reserve.

Remova a extremidade do caule do tomate e corte-o ao meio no sentido horizontal. Com os dedos, retire as sementes enquanto aperta levemente a metade do tomate. Corte o tomate em pedaços de cerca de 1,5 centímetro.

Corte o pimentão ao meio; remova o caule, as sementes e as partes brancas do interior. Corte em fatias de cerca de três milímetros.

Corte a cebola ao meio, remova a casca e a extremidade do caule e corte-a em fatias de três milímetros.

Bata levemente os ovos.

Aqueça uma frigideira refratária de 23 centímetros (antiaderente é melhor) em fogo médio. Adicione cerca de meia colher de sopa de azeite de oliva e as cebolas. Salteie por cerca de três minutos e acrescente os pimentões. Quando os pimentões estiverem macios, adicione o alho e cozinhe por mais trinta segundos; em seguida, adicione o tomate, o brócolis, a acelga e o macarrão Soba. Tempere rapidamente com sal e acrescente os ovos batidos. Abaixe o fogo e deixe cozinhar por cerca de dois minutos. Coloque a frigideira no forno e asse até firmar, cerca de trinta minutos.

Quando estiver pronta, retire a *frittata* da frigideira e coloque-a em uma travessa. Corte em quatro e sirva.

Rende 4 porções.

POR PORÇÃO: 232 CALORIAS (KCAL)
~ 10 G DE GORDURA ~ 3 G DE GORDURA SATURADA ~ 372 MG DE COLESTEROL
~ 15 G DE PROTEÍNA ~ 266 MG DE SÓDIO ~ 20 G DE CARBOIDRATOS ~ 2 G DE FIBRAS
~ 3 G DE AÇÚCAR ~ 82 MG DE CÁLCIO

ALMOÇO

SALADA DE FRANGO AO CURRY

Alface tenra e frango ao curry adoçado com maçãs-verdes, passas e nozes

1 kg de coxas de frango
½ cebola, cortada em quatro partes
1 talo de aipo, cortado em quatro partes
1 cenoura, cortada em quatro partes
1 folha de louro
4 maçãs-verdes
¾ de xícara de uvas-passas brancas
½ xícara de nozes
2 cabeças de alface lisa
½ xícara de iogurte natural com baixo teor de gordura
¼ de xícara de maionese
1 colher de sopa de *curry* em pó
Sal e pimenta a gosto

Retire a pele das coxas de frango, coloque-as em uma panela média e encha com água até que a carne esteja coberta por cinco centímetros. Coloque a panela em fogo médio-alto e leve para ferver suavemente. Retire toda a espuma e a gordura que vierem à superfície e adicione a cebola, o aipo, a cenoura e a folha de louro. Cozinhe em fogo brando por 45 minutos, retirando a espuma de vez em quando. Desligue o fogo e transfira para uma tigela; deixe o frango esfriar no caldo.

Remova a carne dos ossos da coxa em pedaços grandes; certifique-se de remover a veia. Corte a carne em cubos de cerca de 1,5 centímetro. Coe o caldo e congele para uso futuro.

Corte duas maçãs em cubos de pouco mais de meio centímetro, deixando a casca.

Misture com as nozes e as passas.

Bata o iogurte, a maionese e o curry em pó até ficar homogêneo. Acrescente a mistura de maçã e nozes. Junte o frango e adicione sal e pimenta a gosto. Deixe descansar, coberto, na geladeira.

Remova as folhas duras e o miolo da alface e lave as folhas em uma tigela grande com água fria. Seque-as com uma centrífuga. Disponha camadas de alface em quatro pratos. Corte as duas maçãs-verdes restantes ao meio, retire o miolo e corte as metades em fatias de pouco mais de meio centímetro. Disponha as fatias sobre a alface e distribua a salada de frango em um monte sobre as fatias de maçã e a alface.

Rende 4 porções.

POR PORÇÃO: 484 CALORIAS (KCAL)
~ 23 G DE GORDURA ~ 4 G DE GORDURA SATURADA ~ 30 MG DE COLESTEROL
~ 16 G DE PROTEÍNA ~ 169 MG DE SÓDIO ~ 60 G DE CARBOIDRATOS
~ 13 G DE FIBRAS ~ 41 G DE AÇÚCAR ~ 211 MG DE CÁLCIO

GASPACHO COM CREME DE ABACATE

Sopa fria de legumes com aipo, pepino, pimentão, pimenta, cebolinha, cenoura e tomate, aromatizada com azeite de oliva extravirgem, vinagre de vinho tinto e ervas. Sirva com um pão de grãos saudável.

1 pepino
1 cenoura
2 talos de aipo
1 tomate
1 pimentão verde
1 pimenta *jalapeño*
4 cebolinhas
⅛ de xícara de salsinha picada
250 ml de caldo V8[5]
250 ml de suco de tomate
1 colher de chá de molho inglês (Worcestershire)
1½ colher de sopa de vinagre de vinho tinto
1 pitada de molho picante
Sal e pimenta-do-reino moída na hora
1 abacate maduro
½ limão
1 colher de sopa de azeite de oliva extravirgem

Descasque a cenoura e o pepino. Remova as sementes do pepino cortando-o longitudinalmente e retirando-as com uma colher. Corte o tomate ao meio no sentido horizontal e remova as sementes e o caule/núcleo na parte superior. Corte o pimentão e a pimenta ao meio e remova as sementes, os talos e a parte branca interior. Corte o pimentão, a pimenta e o pepino em cubos finos e reserve-os em uma tigela grande.

Pique grosseiramente a cenoura, a cebolinha e o aipo. Coloque-os no processador de alimentos e use o modo pulsar até que estejam finamente picados, mas sem começar a perder líquido, e adicione-os à tigela. Repita o processo com o tomate. Acrescente a salsinha à tigela, junte o caldo de vegetais e o suco de tomate, o molho inglês, o vinagre e o molho picante. Ajuste o tempero com sal e pimenta. Deixe esfriar bem.

Corte o abacate ao meio, remova o caroço, retire a polpa e coloque-a no processador. Adicione o suco de meio limão e processe até ficar homogêneo. Adicione sal e pimenta a gosto.

Sirva a sopa com uma concha em tigelas resfriadas e coloque uma porção de abacate no centro. Cubra com um fio de azeite de oliva. Sirva com um pão saudável.

Rende 2 porções.

5. N. R.: V8 é uma marca de caldo extraído de oito vegetais, geralmente incluindo tomate, cenoura, aipo, beterraba, salsa, alface, espinafre e agrião. Pode ser substituído por um caldo orgânico de vegetais.

POR PORÇÃO: 299 CALORIAS (KCAL)
~ 17 G DE GORDURA ~ 2 G DE GORDURA SATURADA ~ 0 MG DE COLESTEROL
~ 7 G DE PROTEÍNA ~ 764 MG DE SÓDIO ~ 34 G DE CARBOIDRATOS
~ 13 G DE FIBRAS ~ 16 G DE AÇÚCAR ~ 124 MG DE CÁLCIO

TABULE DE PERU

Grãos de bulgur misturados com peito de peru em cubos, tomates, azeitonas, cebolinha e salsa picada, finalizados com limão e azeite de oliva. Sirva sobre uma camada de alface americana picada

1 xícara de grãos de bulgur (trigo para quibe)
1 xícara de água fervente
1 colher de chá de sal
2 tomates
½ xícara de azeitonas Kalamata sem caroço
1 ramo de cebolinha
2 ramos de salsa de folha plana
1 limão grande
¼ de xícara de azeite de oliva
Sal e pimenta
½ quilo de peito de peru assado
1 cabeça pequena de alface americana, picada

Coloque o trigo e o sal em uma tigela média; adicione água fervente e cubra com filme plástico. Deixe de molho até que o líquido seja absorvido, cerca de 35 minutos.

Corte os tomates ao meio no sentido horizontal, remova o caule/núcleo na parte superior e corte-os em pedaços de pouco mais de meio centímetro. Coloque-os em uma tigela média e reserve. Apare e limpe a cebolinha em água fria e pique; adicione aos tomates. Lave a salsa em uma tigela grande com água fria, sacuda ou centrifugue, para secar, e pique, evitando os talos. Corte as azeitonas em fatias e adicione-as aos tomates com a salsa. Corte o peru em cubos de pouco mais de um centímetro e adicione aos legumes.

Remova o plástico da tigela de trigo e afofe os grãos com um garfo. Esprema o suco de limão e adicione ao trigo, junte o azeite de oliva, ainda mexendo com o garfo. Misture os legumes e o peru e adicione sal e pimenta-do-reino moída na hora a gosto.

Disponha a alface em quatro pratos e cubra com o tabule.

Rende 4 porções.

POR PORÇÃO: 492 CALORIAS (KCAL)
~ 28 G DE GORDURA ~ 4 G DE GORDURA SATURADA ~ 81 MG DE COLESTEROL
~ 28 G DE PROTEÍNA ~ 704 MG DE SÓDIO ~ 36 G DE CARBOIDRATOS
~ 8 G DE FIBRAS ~ 3 G DE AÇÚCAR ~ 42 MG DE CÁLCIO

SALADA DE BRÓCOLIS CLASSIC CLUB

Brócolis crocante escaldado com bacon, groselha e amêndoas defumadas

1 cabeça de brócolis
Sal
4 fatias de bacon
120 gramas de amêndoas defumadas (picadas, fatiadas ou inteiras)
¼ de xícara de groselha
⅓ de xícara de maionese
1 colher de sopa de vinagre destilado
1 colher de sopa de açúcar
Sal e pimenta-do-reino moída na hora

Encha uma tigela grande com água gelada; reserve. Corte os floretes de brócolis em pedaços pequenos. Leve uma panela média com água para ferver e adicione sal até que o gosto seja quase o da água do mar. Coloque o brócolis na água fervente e cozinhe por um minuto. Retire o brócolis com uma escumadeira e coloque-o na tigela com água gelada. Quando o brócolis estiver frio, retire e coloque-o em um escorredor para secar.

Frite o bacon em uma frigideira ou asse no micro-ondas até ficar crocante. Esfarele o bacon e misture em uma tigela, com as amêndoas defumadas e a groselha.

Bata a maionese, o vinagre e o açúcar juntos. Junte a mistura de brócolis e amêndoas. Adicione sal e pimenta-do-reino moída na hora a gosto.

Rende 4 porções.

POR PORÇÃO: 369 CALORIAS (KCAL)
~ 30 G DE GORDURA ~ 4 G DE GORDURA SATURADA ~ 13 MG DE COLESTEROL
~ 14 G DE PROTEÍNA ~ 311 MG DE SÓDIO ~ 16 G DE CARBOIDRATOS
~ 8 G DE FIBRAS ~ 5 G DE AÇÚCAR ~ 150 MG DE CÁLCIO

SALADA ASIÁTICA DE CAMARÃO

Camarão, pimentão, cebolinha, uvas, coentro e amendoim triturado temperados com molho agridoce

½ quilo de camarão cru descascado
1 colher de chá de tempero em pó chinês de cinco especiarias (*Chinese five-spice powder*)
1 colher de chá de sal
½ colher de sopa de óleo de amendoim
1 pimenta vermelha
1 ramo de cebolinha
1 cenoura
1 maço de agrião
⅛ de xícara de coentro picado
Suco de 1 limão
1 colher de chá de molho de peixe
1 colher de sopa de vinagre de arroz
1 colher de chá de açúcar
250 gramas de uvas sem sementes
¼ de xícara de amendoim triturado

Aqueça a frigideira em fogo médio-alto e faça o teste com uma gota d'água para verificar o ponto em que a gota evapora rapidamente. Adicione o óleo de amendoim. Polvilhe os camarões com o pó de cinco especiarias e sal e sele-os na frigideira de cada lado até que estejam firmes e cozidos (o tempo varia de acordo com o tamanho do camarão, mas cerca de noventa segundos de cada lado devem ser suficientes). Reserve o camarão cozido para esfriar.

Lave as cebolinhas e corte-as em fatias finas na diagonal, em comprimentos de 2,5 centímetros. Tire o miolo, as sementes e as partes brancas internas do pimentão e corte-o em fatias finas de 2,5 cm de comprimento. Apare as pontas do agrião, corte-o em pedaços de 2,5 centímetros, lave em água fria e centrifugue para secar. Misture todos os legumes em uma tigela grande.

Bata no liquidificador o suco de limão, o molho de peixe, o vinagre e o açúcar. Despeje sobre os legumes e misture. Coloque a mistura em uma travessa, arrume os camarões por cima e polvilhe com amendoim triturado. Decore com uvas.

Rende 4 porções.

POR PORÇÃO: 250 CALORIAS (KCAL)
~ 8 G DE GORDURA ~ 1 G DE GORDURA SATURADA ~ 172 MG DE COLESTEROL
~ 27 G DE PROTEÍNA ~ 190 MG DE SÓDIO ~ 18 G DE CARBOIDRATOS
~ 3 G DE FIBRAS ~ 11 G DE AÇÚCAR ~ 111 MG DE CÁLCIO

SALADA GREGA PARA O ALMOÇO

Alface romana e espinafre guarnecidos com pepino, tomate, azeitona, cebola e queijo feta. Coberto com peito de frango marinado e pincelado com vinagrete de ervas

2 peitos de frango desossados e sem pele, divididos em metades, com aproximadamente 120 gramas cada
2 limões
½ xícara de azeite de oliva
1 colher de chá de orégano
1 dente de alho pequeno, picado
¼ de colher de chá de pimenta-do-reino moída na hora
1 colher de chá de sal
1 cabeça de alface romana
1 maço de espinafre
1 pepino
2 tomates
½ cebola roxa
½ xícara de azeitonas Kalamata
240 gramas de queijo feta

Com o lado fino de um ralador, rale a parte amarela da casca de um limão. Coloque em um pote ou recipiente plástico com tampa. Adicione o suco dos dois limões, orégano, sal, pimenta, alho e azeite de oliva. Agite.

Coloque cada peito de frango cortado ao meio entre um filme plástico e bata uniformemente até que a carne fique com cerca de 1,5 centímetro de espessura em toda a superfície. Coloque os pedaços em uma assadeira própria para grelhar, dispostos de forma que não se sobreponham. Despeje um terço do molho sobre eles e vire para cobrir. Cubra com plástico e coloque na geladeira.

Apare e limpe a alface e o espinafre em uma tigela com água fria. Retire as folhas e repita a lavagem com água fresca. Corte as folhas em pedaços de dois centímetros e centrifugue para secar.

Corte o pepino ao meio no sentido do comprimento. Descasque o pepino, tire as sementes e corte as metades em fatias de pouco mais de meio centímetro. Remova a parte superior do caule/núcleo dos tomates e corte cada um em oito fatias. Corte a metade da cebola o mais fino possível.

Seque o frango com papel-toalha. Tempere com sal e pimenta e passe um pouco de azeite de oliva. Coloque em uma assadeira sob a grelha do forno e cozinhe bem, virando os peitos na metade do tempo. Retire do forno e pincele os peitos com um pouco do vinagrete.

Misture as folhas com o vinagrete restante, ajuste o sal e a pimenta-do-reino moída. Crie uma cama de folhas em cada prato, arrume quatro fatias de tomate em cada uma e distribua igualmente o pepino, a cebola, as azeitonas e o queijo feta. Cubra cada prato com um pedaço de peito de frango.

Rende 4 porções.

POR PORÇÃO: 530 CALORIAS (KCAL)
~ 42 G DE GORDURA ~ 9 G DE GORDURA SATURADA ~ 67 MG DE COLESTEROL
~ 22 G DE PROTEÍNA ~ 1.080 MG DE SÓDIO ~ 19 G DE CARBOIDRATOS
~ 6 G DE FIBRAS ~ 7 G DE AÇÚCAR ~ 270 MG DE CÁLCIO

SALADA NIÇOISE DE ATUM

Vagem, tomate, ovo cozido, azeitonas niçoise, batatas
e atum sobre alface lisa com vinagrete Dijon

2 ovos
1 tomate
120 gramas de vagens francesas*
60 gramas de azeitonas niçoise
¼ de cebola roxa
4 batatas pequenas vermelhas ou amarelas
1 colher de chá de sal
1 lata de 180 gramas de atum em azeite de oliva
2 cabeças de alface lisa
1 colher de chá de mostarda Dijon
½ dente de alho picado
Suco de um limão
1 colher de chá de açúcar
¼ de xícara de azeite de oliva
1 pitada de tomilho seco

Coloque os ovos em uma panela pequena, cubra com água e deixe ferver em fogo médio-alto. Tampe e desligue o fogo. Após sete minutos, retire os ovos e coloque-os em água gelada.

Coloque as batatas em uma panela pequena com água para cobrir e adicione sal. Deixe ferver em fogo médio-alto e cozinhe até que a faca possa penetrar facilmente. Deixe esfriar.

Leve uma panela de tamanho médio com água para ferver, com sal suficiente para que tenha quase o mesmo sabor da água do mar. Corte as vagens e cozinhe por dois minutos. Retire-as com uma escumadeira e mergulhe-as em água gelada. Quando as vagens estiverem frias, escorra-as.

Prepare o vinagrete combinando mostarda, açúcar, tomilho e alho em uma tigela pequena com um batedor. Acrescente o azeite de oliva, uma gota de cada vez no início, para formar uma emulsão. Aos poucos, adicione o restante do azeite em um fluxo fino e constante, sem parar de bater. Tempere com sal e pimenta-do-reino moída na hora.

Corte e lave a alface, e centrifugue-a, para secar. Descasque os ovos e corte-os em quatro. Corte as batatas em quatro. Fatie a cebola o mais fino possível. Tire o miolo e corte o tomate em fatias. Coloque a alface em uma travessa e arrume os legumes e os ovos em volta. Coloque o atum escorrido no centro e decore com azeitonas. Sirva o vinagrete à parte.

Rende 4 porções.

* As vagens francesas, ou *haricots verts*, são bem finas. Se não houver disponibilidade, use vagens normais e corte-as ao meio no sentido do comprimento.

POR PORÇÃO: 474 CALORIAS (KCAL)
~ 23 G DE GORDURA ~ 3 G DE GORDURA SATURADA ~ 100 MG DE COLESTEROL
~ 23 G DE PROTEÍNA ~ 536 MG DE SÓDIO ~ 47 G DE CARBOIDRATOS ~ 12 G DE FIBRAS
~ 7 G DE AÇÚCAR ~ 156 MG DE CÁLCIO

JANTAR

SOBA PRIMAVERA

Macarrão japonês de trigo-sarraceno misturado com verduras salteadas, alho, tomates grape e azeitonas, coberto com queijo parmesão e cebolinha

2 porções (cerca de 120 gramas) de macarrão Soba
1 colher de sopa de sal
1½ colher de sopa de azeite de oliva
1 maço de couve, cortado e lavado
1 cogumelo Portobello, limpo e cortado em cubos
½ xícara de tomates grape, cortados pela metade
½ xícara de azeitonas fatiadas
1 dente de alho picado
1 chalota, descascada e cortada em fatias finas
90 gramas de parmesão ralado
⅓ de maço de cebolinha, picado

Leve uma panela média de água com sal para ferver. Adicione o macarrão Soba e cozinhe de acordo com as instruções da embalagem. Reserve uma xícara da água do cozimento; escorra o macarrão.

Aqueça uma frigideira grande em fogo médio-alto; adicione cerca de uma colher de sopa de azeite de oliva e o cogumelo cortado em cubos. Deixe cozinhar até que o líquido liberado tenha secado; adicione o alho, a chalota, as azeitonas e o tomate. Tempere com sal e pimenta e cozinhe por mais dois minutos. Coloque os legumes em uma tigela, limpe a frigideira com papel-toalha, adicione meia colher de sopa de azeite de oliva e aqueça até quase soltar fumaça. Acrescente a couve e refogue por cerca de trinta segundos, para cobrir com o azeite. Adicione cerca de um terço de xícara da água do macarrão reservada à panela e cubra com uma tampa. Cozinhe até que a couve esteja macia, mexendo ocasionalmente, por cerca de três minutos. Acrescente os legumes, o macarrão e o queijo parmesão e misture todos os ingredientes. Adicione um pouco mais da água reservada para o macarrão se o prato começar a ficar seco. Divida em dois pratos e salpique cebolinha por cima.

Rende 2 porções.

POR PORÇÃO: 649 CALORIAS (KCAL)
~ 34 G DE GORDURA ~ 8 G DE GORDURA SATURADA ~ 37 MG DE COLESTEROL
~ 29 G DE PROTEÍNA ~ 2.332 MG DE SÓDIO ~ 61 G DE CARBOIDRATOS
~ 2 G DE FIBRAS ~ 2 G DE AÇÚCAR ~ 573 MG DE CÁLCIO

ANCHOVA AO PESTO

Anchova em crosta de manjericão com brócolis e tomate salteados com chalota e vinho branco

1 filé de anchova de 350 gramas
2 fatias de pão branco, sem casca e cortadas em cubos
1 ramo de manjericão, limpo e picado
¼ de xícara de pinoli
60 gramas de queijo parmesão ralado
1 colher de sopa de azeite de oliva
Sal e pimenta
½ colher de sopa de azeite de oliva
floretes de 1 maço de brócolis, cortados em pedaços pequenos
1 tomate, sem sementes e picado
Suco de 1 limão
1 chalota, descascada e picada
1 dente de alho, cortado em fatias finas
¼ de xícara de vinho branco seco
½ colher de sopa de manteiga
Sal e pimenta-do-reino moída na hora

Preaqueça o forno a 200°C.

Coloque uma panela média de água em fogo alto com sal suficiente para que tenha quase o gosto da água do mar.

Em um processador de alimentos, triture o pão até formar migalhas finas e reserve em uma tigela. Em seguida, processe o manjericão e os pinoli em pulsos para decompor a mistura, parando a cada três ou quatro pulsos a fim de limpar as laterais com uma espátula. Quando a mistura ficar bem homogênea, adicione o parmesão e misture. Em seguida, adicione o azeite de oliva em fluxo constante enquanto o aparelho estiver funcionando. Acrescente a mistura às migalhas de pão e tempere com sal e pimenta a gosto.

Corte o filé em duas partes. Com a parte de trás de uma colher, espalhe a mistura de pesto na superfície do peixe em uma camada uniforme de pouco mais de meio centímetro. Coloque os filés em uma assadeira untada com manteiga, com o lado do pesto para cima, e adicione algumas colheres de sopa de água. Asse no forno até que estejam cozidos e a parte superior esteja levemente dourada, cerca de doze minutos.

Enquanto o peixe estiver cozinhando, ferva água com sal e adicione os brócolis. Cozinhe até ficarem crocantes e macios (*al dente*). Aqueça uma frigideira grande em fogo médio-alto. Despeje cerca de meia colher de sopa de azeite na frigideira com o alho e a chalota; cozinhe por cerca de um minuto, mexendo, para não queimar. Acrescente os tomates e cozinhe por mais um minuto. Adicione o vinho e deixe o líquido reduzir por cerca de um minuto. Retire o brócolis da água fervente com uma escumadeira e coloque-o diretamente na frigideira, com a mistura de tomate. Acrescente o suco de limão e a manteiga, reduza o fogo para médio e mexa até que a manteiga se incorpore ao molho - não aqueça demais, ou a manteiga vai se decompor. Retire a panela do fogo e ajuste o tempero com sal e pimenta-do-reino moída na hora. Divida a mistura entre dois pratos e coloque o peixe por cima.

Rende 2 porções.

POR PORÇÃO: 750 CALORIAS (KCAL)
~ 41 G DE GORDURA ~ 10 G DE GORDURA SATURADA ~ 132 MG DE COLESTEROL
~ 58 G DE PROTEÍNA ~ 726 MG DE SÓDIO ~ 38 G DE CARBOIDRATOS
~ 10 G DE FIBRAS ~ 8 G DE AÇÚCAR ~ 507 MG DE CÁLCIO

SALMÃO MEDITERRÂNEO

Salmão grelhado com ratatouille picante (berinjela refogada, abóbora, abobrinha e pimentão vermelho)

1 filé de salmão de 350 gramas
2 colheres de sopa de manteiga
½ colher de sopa de salsa fresca picada
½ colher de chá de raspas de limão fresco
Sal e pimenta-do-reino moída na hora
½ colher de sopa de azeite de oliva
1 abóbora amarela pequena a média
1 abobrinha pequena a média
1 pimentão vermelho
1 berinjela média
½ cebola roxa
2 dentes de alho picados
1 pitada de pimenta vermelha em flocos
1 pitada de tomilho seco
2 colheres de sopa de massa de tomate

Corte a abóbora, a abobrinha e a berinjela em cubos de 1,5 centímetro. Faça isso cortando ao longo da lateral do legume com 1,5 centímetro de profundidade para fatiar e corte cada fatia em cubos. Descarte as sementes. Corte a cebola em pedaços de 1,5 centímetro.

Misture a manteiga com a salsa e o limão. Adicione sal e pimenta a gosto.

Aqueça uma frigideira média, coberta com cerca de um quarto de colher de sopa de azeite de oliva, em fogo médio-alto, e adicione a abóbora. Tempere com sal e pimenta e abaixe o fogo para médio, certificando-se de que a abóbora esteja cozida, mas não mole. Reserve em uma panela média. Repita o processo com a abobrinha, a berinjela e o pimentão vermelho. Em fogo médio, salteie a cebola até ficar translúcida; adicione flocos de pimenta, tomilho e alho. Cozinhe por um minuto e adicione a massa de tomate, misturando para que a massa entre em contato o máximo possível com a superfície da panela. Misture o restante dos legumes na panela e mantenha em fogo muito baixo. Ajuste o tempero com sal e pimenta-do-reino moída na hora.

Aqueça a grelha em temperatura alta. Corte o peixe em dois, tempere com sal e pimenta-do-reino moída na hora e coloque-o em uma assadeira forrada com papel-alumínio e um pouco de azeite de oliva. Leve a assadeira ao forno. Deixe cozinhar e depois permita que doure um pouco em cima.

Distribua a mistura de legumes entre dois pratos e coloque o salmão por cima. Cubra cada pedaço de peixe quente com a mistura de manteiga e deixe derreter sobre o peixe.

Rende 2 porções.

POR PORÇÃO: 610 CALORIAS (KCAL)
~ 36 G DE GORDURA ~ 12 G DE GORDURA SATURADA ~ 137 MG DE COLESTEROL
~ 44 G DE PROTEÍNA ~ 229 MG DE SÓDIO ~ 29 G DE CARBOIDRATOS
~ 12 G DE FIBRAS ~ 13 G DE AÇÚCAR ~ 105 MG DE CÁLCIO

ESCABECHE DE CAVALA

Cavala espanhola salteada e depois marinada em uma mistura de cebola, pimentão e vinagre de xerez. Sirva com espinafre e salteado de trigo integral.

1½ colher de sopa de azeite de oliva
1 filé de cavala de 350 gramas
Farinha para polvilhar
1 cebola roxa pequena, cortada em fatias finas
1 pimentão amarelo ou vermelho, cortado em fatias
¾ de xícara de vinagre de xerez
½ xícara de água
2 dentes de alho, cortados em fatias finas
½ colher de sopa de açúcar
1 pitada de pimenta vermelha em flocos
½ xícara de trigo integral
1 xícara de água
2 colheres de chá de sal
2 maços de espinafre, cortados e lavados
Sal e pimenta-do-reino moída na hora

Junte o trigo, o sal e a água e aqueça em uma panela pequena em fogo médio-alto. Quando a água começar a ferver, cubra com a tampa e reduza o fogo para o nível mais baixo. O trigo deve cozinhar completamente em cerca de 35 minutos. Verifique e adicione mais água, se necessário.

Aqueça uma frigideira de tamanho médio em fogo médio-alto. Corte o peixe em dois pedaços iguais, tempere com sal e pimenta e passe na farinha. Adicione cerca de meia colher de sopa de azeite de oliva e refogue o peixe dos dois lados até que esteja cozido. Retire o peixe da frigideira e reserve-o em uma travessa refratária.

Adicione meia colher de sopa de azeite de oliva à frigideira com as cebolas e os pimentões. Cozinhe em fogo médio por cerca de três minutos ou até que os vegetais comecem a amolecer. Escorra o excesso de óleo da panela e acrescente o alho e a pimenta em flocos. Mexa em fogo médio-alto por trinta segundos; deglaceie com água e vinagre e adicione açúcar. Quando o açúcar se dissolver e as cebolas estiverem macias, despeje sobre o peixe. Deixe descansar.

Limpe a frigideira com um papel-toalha e coloque-a novamente em fogo alto. Adicione cerca de meia colher de sopa de azeite de oliva e aqueça até quase soltar fumaça. Acrescente o espinafre e uma pitada generosa de sal e refogue. Quando o espinafre estiver murcho, adicione o trigo cozido. O espinafre estará pronto quando estiver macio, cerca de um minuto a mais. Divida em dois pratos. Sirva com o peixe marinado.

Rende 2 porções.

POR PORÇÃO: 700 CALORIAS (KCAL)
~ 37 G DE GORDURA ~ 7 G DE GORDURA SATURADA ~ 119 MG DE COLESTEROL
~ 48 G DE PROTEÍNA ~ 725 MG DE SÓDIO ~ 47 G DE CARBOIDRATOS
~ 12 G DE FIBRAS ~ 8 G DE AÇÚCAR ~ 436 MG DE CÁLCIO

CAMARÃO GRELHADO PICANTE E QUINOA

Camarão polvilhado com especiarias e grelhado, servido com salada de quinoa com abacate, pepino, coentro e limão

350 gramas de camarão grande, descascado
1 colher de chá de cominho
1 colher de chá de sal
½ colher de chá de páprica
¼ de colher de chá de pimenta-do-reino moída
½ xícara de quinoa
1½ xícara de água
½ colher de chá de sal
1 pepino
3 cebolinhas
1 abacate
1 limão
¼ de xícara de coentro picado
1 colher de sopa de azeite de oliva
Sal e pimenta
Alface romana picada (alguns punhados)
Fatias de limão

Misture o cominho, o sal, a páprica e a pimenta-do-reino.

Enxágue a quinoa com água fria. Coloque-a em uma panela pequena, com uma xícara e meia de água e sal. Deixe ferver, tampe e reduza o fogo para baixo. A quinoa estará pronta em doze a quinze minutos. Remova a tampa e afofe com um garfo.

Descasque o pepino, corte-o ao meio no sentido do comprimento e remova as sementes com uma colher. Corte as metades em pedaços de pouco mais de meio centímetro.

Limpe as cebolinhas e corte as partes verdes e brancas em fatias finas transversais; descarte as raízes.

Corte o abacate ao meio em volta do caroço. Puxe, remova o caroço e separe a casca da polpa com uma colher grande. Corte as metades do abacate em pedaços de meio centímetro e misture imediatamente com o suco de limão. Adicione à quinoa cozida, com o pepino, a cebolinha e o coentro. Misture delicadamente com o azeite de oliva e adicione sal e pimenta-do-reino moída na hora a gosto.

Aqueça uma frigideira grande em fogo médio-alto; adicione cerca de meia colher de sopa de azeite de oliva e espalhe-a na frigideira. Junte os camarões com a mistura de temperos e adicione-os à frigideira, um de cada vez, pressionando-os delicadamente na superfície quente. Deixe grelhar por cerca de um minuto e meio ou até que o camarão fique rosado. Vire e termine o cozimento. Forre dois pratos com alface romana; coloque metade da mistura de quinoa no centro de cada prato e arrume os camarões ao redor da salada. Sirva com fatias de limão.

Rende 2 porções.

POR PORÇÃO: 664 CALORIAS (KCAL)
~ 28 G DE GORDURA ~ 4 G DE GORDURA SATURADA ~ 344 MG DE COLESTEROL
~ 56 G DE PROTEÍNA ~ 365 MG DE SÓDIO ~ 50 G DE CARBOIDRATOS
~ 13 G DE FIBRAS ~ 4 G DE AÇÚCAR ~ 226 MG DE CÁLCIO

BIFE COM CREME DE ESPINAFRE E CROQUETES DE PAINÇO

Seu bife favorito simplesmente preparado e combinado com uma dose saudável de espinafre e painço

4 bifes de 180 gramas (corte de sua escolha), preparados de acordo com o método desejado
4 porções de espinafre crespo, lavado e cortado
¼ de xícara de creme de leite
Sal e pimenta
½ xícara de painço
2 xícaras de água
3 cebolinhas, lavadas e picadas
1 dente de alho picado
1 pimentão vermelho, cortado em pedaços pequenos
1 colher de chá de molho inglês (Worcestershire)
1 pitada de molho Tabasco
1 ovo, levemente batido
60 gramas de parmesão ralado
¼ de xícara de farinha de trigo
1½ colher de sopa de azeite de oliva

Encha uma panela grande com água e leve ao fogo até ferver. Adicione sal suficiente para que a água tenha quase o gosto da água do mar. Adicione o espinafre e cozinhe até ficar macio, cerca de dois minutos após a água voltar a ferver. Retire o espinafre e mergulhe-o em água fria. Esprema o espinafre e coloque-o no processador. Pulse até que o espinafre se desfaça uniformemente, raspando as laterais. Quando estiver bem homogêneo, opere o processador continuamente e adicione o creme de leite em um fluxo constante. Acrescente sal e pimenta-do-reino moída na hora a gosto.

Leve o painço e a água para ferver, cubra e cozinhe em fogo brando até que o líquido desapareça, cerca de meia hora. Reserve e deixe descansar.

Despeje cerca de meia colher de sopa de azeite de oliva em uma frigideira e refogue os pimentões, com a cebolinha, até ficarem macios. Acrescente o alho e cozinhe por mais trinta segundos. Afofe os grãos de painço, separando-os com um garfo; adicione a mistura de cebolinha, Tabasco, molho inglês, ovo, parmesão e farinha e misture. Tempere com sal e pimenta a gosto. Forme bolas do tamanho de bolas de golfe com a mistura e achate-as em discos. Aqueça a frigideira com o azeite de oliva restante e cozinhe até dourar. Vire e leve ao forno por doze minutos ou até que estejam cozidos. Sirva em uma travessa com o creme de espinafre reaquecido e os bifes.

Rende 4 porções.

POR PORÇÃO: 635 CALORIAS (KCAL)
~ 24 G DE GORDURA ~ 8 G DE GORDURA SATURADA ~ 163 MG DE COLESTEROL
~ 72 G DE PROTEÍNA ~ 619 MG DE SÓDIO ~ 34 G DE CARBOIDRATOS
~ 10 G DE FIBRAS ~ 2 G DE AÇÚCAR ~ 563 MG DE CÁLCIO

COSTELETAS DE PORCO RECHEADAS DO SUL E RED FLANNEL HASH[6]

Costeletas de porco recheadas com acelga suíça e servidas com picadinho de batata-doce, beterraba e bacon

4 costeletas de porco de 180 gramas
1 maço de acelga suíça
1 colher de sopa de azeite de oliva
2 cebolas roxas picadas
1 dente de alho picado
2 colheres de sopa de vinagre branco
1 pitada de Tabasco
¼ de xícara de creme de leite
2 colheres de sopa de bulgur (trigo para quibe)
¾ de xícara de vinho branco
½ colher de sopa de amido de milho
1 colher de sopa de água
2 batatas-doces médias
2 beterrabas médias
4 fatias de bacon
¼ de xícara de *sour cream* ou coalhada integral
2 colheres de sopa de mostarda Dijon
⅛ de xícara de salsinha picada
Sal e pimenta

Preaqueça o forno a 190°C.

Lave e seque as beterrabas e as batatas-doces. Fure todas com uma faca, esfregue com azeite de oliva, tempere com sal e pimenta e embrulhe em papel-alumínio. Coloque no forno e cozinhe até que a faca seja facilmente inserida, cerca de uma hora.

Coloque uma panela média cheia de água em fogo alto e deixe a água ferver. Corte e lave a acelga em uma tigela grande com água fria, sacuda para secar e corte-a em pedaços de cinco centímetros. Adicione sal suficiente à água fervente para que ela tenha quase o gosto da água do mar e acrescente a acelga. Cozinhe até ficar macia, cerca de quatro a seis minutos. Escorra a acelga da panela e mergulhe-a em água gelada.

Coloque uma frigideira em fogo médio; adicione meia colher de sopa de azeite de oliva e metade das cebolas picadas. Cozinhe até que as cebolas fiquem translúcidas. Acrescente o alho e aumente o fogo para médio-alto. Cozinhe por cerca de trinta segundos, mexendo sempre, e depois acrescente a acelga. Cozinhe por mais um minuto e adicione o vinagre. Depois que o vinagre reduzir (cerca de um minuto), adicione o creme de leite e o trigo. Mexa até engrossar, cerca de três minutos, e reserve para esfriar.

Com uma faca pequena, faça um corte no centro de cada costeleta de porco na extremidade oposta ao osso. Quando a faca estiver inserida, gire-a cuidadosamente de um lado para o outro, evitando romper a carne totalmente, para criar um bolso. Recheie cada bolso com um quarto da mistura e feche-os com palitos de dente.

Aqueça meia colher de sopa de azeite de oliva em uma frigideira refratária grande o suficiente para acomodar as costeletas. Tempere as costeletas com sal e pimenta e sele cada lado até dourar. Retire as costeletas da frigideira e deglaceie com o vinho. Quando o vinho tiver reduzido pela metade, desligue o fogo, coloque as costeletas de volta na frigideira e cubra-a com papel-alumínio. Coloque no forno e cozinhe até o ponto desejado, tomando cuidado para não ressecar a carne (comece a verificar depois de vinte minutos).

Descasque as batatas-doces e as beterrabas frias. Corte em pedaços de pouco mais de meio centímetro e misture com a salsinha, a mostarda e o *sour cream*. Adicione sal e pimenta a gosto. Frite o bacon em uma frigideira até que fique crocante, esfarele e junte à mistura de legumes. Despeje a mistura na frigideira com a gordura do bacon, espalhe uniformemente e cozinhe em fogo médio-alto até ficar crocante. Vire e deixe crocante do outro lado.

Retire as costeletas do forno e volte ao fogão em fogo médio-alto. Dissolva o amido de milho com água para fazer uma pasta líquida e misture com os sucos da carne para fazer um molho. O molho engrossará quando atingir o ponto de fervura. Cozinhe por mais um minuto e ajuste o tempero.

Divida o picadinho em quatro pratos, coloque uma costeleta em cada um e sirva com o molho.

Rende 4 porções.

6. N. R.: *red flannel hash* é um picadinho de carne, batata e beterraba, tradicional nos Estados Unidos, sobretudo em New England.

POR PORÇÃO: 542 CALORIAS (KCAL)
~ 23 G DE GORDURA ~ 9 G DE GORDURA SATURADA ~ 123 MG DE COLESTEROL
~ 44 G DE PROTEÍNA ~ 640 MG DE SÓDIO ~ 30 G DE CARBOIDRATOS
~ 5 G DE FIBRAS ~ 10 G DE AÇÚCAR ~ 119 MG DE CÁLCIO

APÊNDICE B

EXERCÍCIOS DO PROGRAMA FACE

Em poucas palavras, os exercícios do programa FACE nutrem e estimulam o processo natural de reparo e rejuvenescimento do tecido conjuntivo do seu corpo. Eles podem melhorar a circulação da pele e de outros tecidos conjuntivos, fornecendo mais nutrientes e removendo mais resíduos, além de ajudar a evitar que novos problemas do tecido conjuntivo surjam no futuro.

COMO FUNCIONAM OS EXERCÍCIOS DO PROGRAMA FACE?

As porções de dieta, exercícios e flexibilidade do programa formam a base que promove um equilíbrio saudável da renovação do tecido conjuntivo. Os suplementos dietéticos fornecem a fonte mais concentrada dos reguladores metabólicos e dos elementos fundamentais do tecido conjuntivo de que o corpo precisa para apoiar a renovação, a síntese e o reparo ideais. Os efeitos combinados de exercícios, alongamento, nutrição adequada e suplementação resultam em um ambiente ideal para promover a saúde do tecido conjuntivo.

Esses exercícios são uma abordagem simples e eficaz para manter a vasta gama de tecidos conjuntivos de seu corpo, inclusive os da pele.

Ao manter a função adequada e apoiar os processos vitais de renovação do corpo, os exercícios podem ajudá-lo a enfrentar o desgaste diário da pele. O objetivo principal é que você aprenda a tomar medidas significativas todos os dias que o ajudarão a alcançar e manter um estilo de vida saudável e ativo – e, ao fazê-lo, promover a saúde não apenas da sua pele, mas também de todos os seus tecidos conjuntivos.

REALIZAR OS MOVIMENTOS FACE DIARIAMENTE

Cabe a você decidir se deseja realizar esses movimentos antes ou depois da sua rotina de exercícios. Às vezes, você pode achar que eles servem como um bom aquecimento para sua caminhada ou outros tipos de exercícios (como treinamento de força), e, em outros dias, eles podem servir como um relaxamento para acalmar (por exemplo, se você pratica corrida ou aeróbica). Não importa quando você os pratica, o importante é que você *os pratique regularmente* para proporcionar a estimulação, o alongamento, o fortalecimento, o equilíbrio, a hidratação, a oxigenação e o rejuvenescimento constantes de que sua pele precisa.

Execute cada movimento somente dentro de uma faixa confortável; você não deve sentir nenhuma dor ou desconforto. Se algum movimento for desconfortável a ponto de causar dor, não o faça. É claro que você deve se desafiar um pouco e proporcionar um estímulo de alongamento aos tecidos conjuntivos, mas é importante permanecer dentro de sua faixa de conforto pessoal em cada movimento. Não há prêmios para quem se esforça demais – e fazer isso pode, na verdade, aumentar o risco de lesões e danos aos tecidos.

Mantenha cada movimento por trinta a sessenta segundos; a série completa de dez movimentos levará de cinco a dez minutos. Isso certamente não é um grande investimento de tempo, sobretudo considerando a ampla gama de benefícios circulatórios, de flexibilidade e de controle do estresse que você terá em um período muito curto.

O único equipamento necessário é um tapete de ioga ou uma toalha de praia, e roupas que permitam que você se movimente livremente. Você está pronto? Vamos lá!

1. Postura da Criança

Essa é uma das posturas clássicas da ioga – uma postura de descanso e de início que serve como base a partir da qual muitas outras posturas e alongamentos emanam. Nós a usaremos como movimento inicial porque ela ajuda a despertar e estimular cada uma das principais partes do corpo que serão alvo dos movimentos subsequentes.

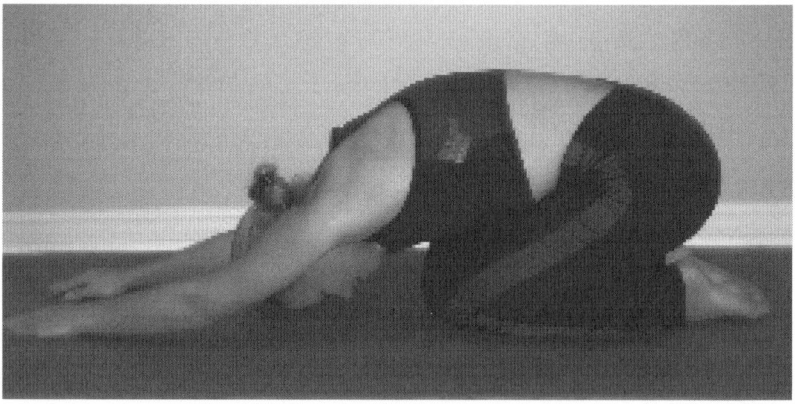

A partir de uma posição em pé, mova-se para uma posição sobre as mãos e os joelhos. Aponte os dedos dos pés de modo que a parte superior dos pés fique apoiada no chão e as nádegas repousem sobre os calcanhares. Coloque as mãos no tapete, separadas na largura dos ombros. Lentamente, estenda os braços, esticando-os bem à sua frente. Alongue as costas e tente colocar a testa o mais próximo possível do chão. Quando chegar ao ponto mais confortável, respire lenta e profundamente. Mantenha essa posição por trinta a sessenta segundos.

2. **Arco**

Esse movimento às vezes é chamado de "O gato" e se assemelha a uma versão modificada de uma postura padrão de ioga conhecida como Cachorro olhando para baixo. Você pode se mover diretamente para a postura do Arco a partir da postura da Criança ou pode fazer uma pausa, respirar e começar novamente com as mãos e os joelhos, conforme descrito a seguir.

Em uma posição sobre as mãos e os joelhos, posicione as mãos na largura dos ombros e diretamente abaixo dos ombros. Conte até cinco, arqueie lentamente as costas para cima (como um gato assustado arqueia as costas) e aponte a cabeça para baixo, inclinando suavemente o queixo. Mantenha a contagem de cinco até atingir o ponto mais alto do arco. Lentamente, arqueie as costas de volta para baixo e mova a cabeça para cima contando os mesmos cinco segundos e, novamente, faça uma pausa no ponto mais baixo do arco contando até cinco. Continue respirando profundamente durante três repetições completas de arqueamento para cima e para baixo, em uma duração total de sessenta segundos.

3. Cobra

Essa postura é chamada às vezes de Lagarto e é semelhante à postura do Cachorro olhando para cima na prática tradicional de ioga. Além da vantagem óbvia para a flexibilidade geral, o movimento Cobra serve para abrir e expandir toda a parte frontal do tronco, um efeito que melhorará muito sua capacidade de respirar e, assim, fornecer oxigênio vital para os processos de reparo em todos os tecidos.

Deitado de bruços no tapete, coloque as palmas das mãos sob os ombros. Inspire lenta e profundamente, segure por um momento e, em seguida, enquanto expira de forma lenta, empurre as mãos para cima, levantando a cabeça e os ombros e permitindo que a região lombar se arqueie naturalmente. Faça o arco tão alto quanto o conforto permitir, continue respirando lenta e profundamente e mantenha a posição por trinta a sessenta segundos. Retorne lentamente à posição inicial, com a face para baixo. À medida que você se sentir mais confortável com a postura da Cobra, será mais fácil fazer um arco mais completo. Para uma posição mais avançada, você pode tentar arquear o pescoço para trás e olhar para o teto.

4. Agachamento

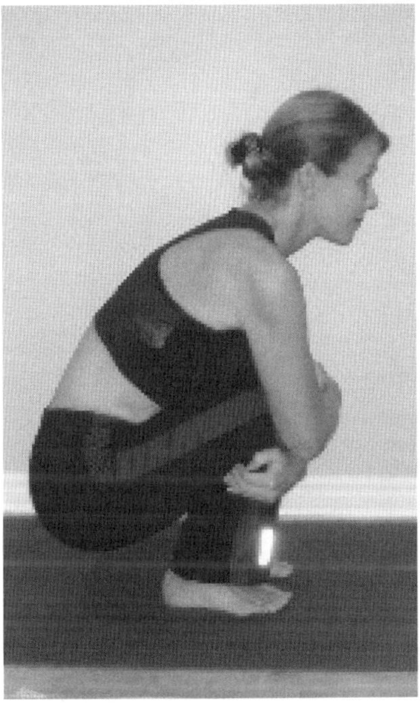

Muito bem, é hora de ensinar ao seu esqueleto como é o alinhamento adequado. Essa posição de agachamento é, na verdade, a posição de repouso mais natural com relação ao alinhamento do esqueleto. Sentar-se em uma cadeira (como a maioria de nós faz durante horas todos os dias) é uma das piores posições biomecânicas – não apenas por causa das pressões extremas que a posição sentada exerce sobre as costas, mas também porque interfere na respiração ideal. Você ficará surpreso com o quanto cada respiração se torna mais profunda e completa quando aprende a manter o alinhamento esquelético adequado. O agachamento ajuda a realinhar todo o seu corpo em uma posição mais natural.

Comece em pé, com os pés separados na largura dos ombros e os dedos dos pés apontando para a frente. Respire lenta e profundamente, trazendo as nádegas em direção à parte de trás dos tornozelos. Suas mãos podem ficar pendentes ao lado do corpo, ou você pode envolvê-las nos joelhos ou colocá-las no chão à frente ou ao lado para ajudar a se equilibrar. Continue respirando lenta e profundamente e mantenha essa posição por trinta a sessenta segundos. À medida que seu equilíbrio melhorar no agachamento, você descobrirá que pode manter essa posição confortável por muitos minutos sem usar as mãos para se equilibrar ou se apoiar.

5. Alcance do céu

Também conhecida como Alongamento do pilar ou postura da Montanha, na ioga, esse movimento pode ser feito sentado ou em pé. Prefiro fazê-lo sentado com as pernas cruzadas (como na foto), porque acho que ele proporciona um alongamento melhor na posição sentada e uma abertura muito perceptível das vias aéreas, levando a uma melhor respiração e oxigenação do sangue. A escolha é sua; talvez você queira experimentar as posições sentada e em pé para ver qual prefere.

Em uma posição sentada com as pernas cruzadas (ou em pé, com os pés separados na largura dos ombros e os dedos dos pés apontando para a frente), inspire lenta e profundamente. Entrelace os dedos, vire as palmas das mãos para longe do corpo e estenda-as em direção ao céu. Mantenha os ombros apontados para baixo, em vez de permitir que eles subam em direção às orelhas. Olhe para a frente, mantenha a coluna reta e respire lenta e profundamente. Mantenha sua posição mais confortavelmente estendida por trinta a sessenta segundos.

6. Figura 8

Também chamada de Pretzel e Torção do quadril sentado em algumas formas de ioga, a Figura 8 é uma das minhas favoritas. Como corredor e ciclista, meus quadris e a região lombar estão em constante estado de estresse, portanto esse movimento é vital para manter a flexibilidade e a mobilidade ideais nessas importantes áreas do "*core*" (região central do corpo). A tensão nessas áreas do *core* do corpo pode levar rapidamente a mudanças sutis na forma como você respira e, por fim, na quantidade de oxigênio que consegue fornecer à pele e a outros tecidos conjuntivos. Além disso, você simplesmente se sentirá melhor e mais relaxada em todo o corpo se seus músculos do *core* estiverem flexíveis.

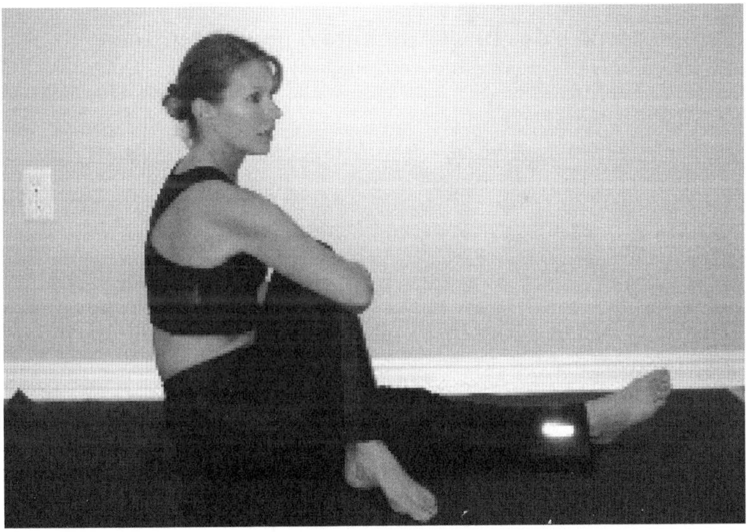

Em uma posição sentada, com as pernas estendidas à sua frente, mantenha a perna direita reta e cruze o pé esquerdo sobre a parte externa do joelho direito. Segure a parte externa do joelho esquerdo e gire suavemente o tronco, enquanto puxa o joelho esquerdo em direção às costelas do lado direito. Mantenha as costas retas, em vez de deixá-las curvadas. Você pode fazer isso imaginando uma corda presa ao topo da cabeça, puxando-a suavemente para cima. Continue respirando lenta e profundamente até sentir um alongamento no quadril esquerdo, nos glúteos e na região lombar. Mantenha a posição por vinte a trinta segundos. Solte lentamente o alongamento, estenda a perna esquerda, dobre a perna direita e repita o movimento no lado oposto.

7. Torção cruzada

Esta posição é dividida em duas partes – começando com um movimento muito simples de joelho-peito que você pode ter feito quando criança na aula de ginástica, seguido pela posição de torção que às vezes é chamada de T-Roll ou Torção em crucifixo, pela posição da parte superior do corpo e dos braços durante o movimento.

Deitado de costas com as duas pernas estendidas em linha reta, use as duas mãos para trazer o joelho direito até o peito. Respire fundo e, com as mãos segurando suavemente o joelho e a canela, puxe devagar a perna/joelho direitos em direção ao peito até sentir um alongamento suave na região lombar e no quadril direito. Puxe até onde se sentir confortável e mantenha essa posição por quinze a trinta segundos enquanto continua a respirar lenta e profundamente.

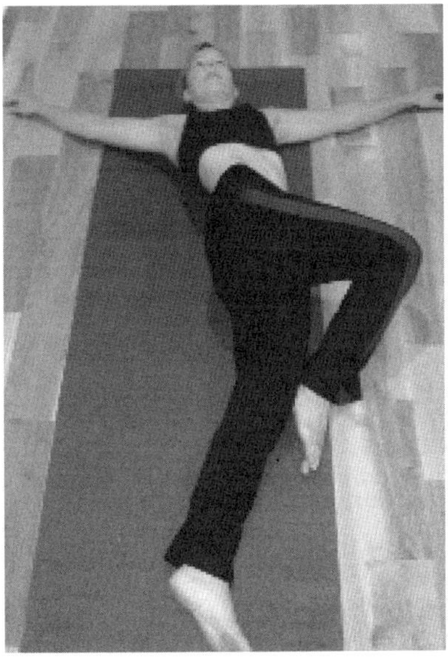

Ao final da sustentação, estenda lentamente as mãos para os lados, formando um "T" com o corpo. Gire lentamente a pelve e o tronco enquanto abaixa o joelho direito em direção ao lado esquerdo, trazendo a parte interna do joelho direito o mais próximo possível do tapete, mantendo as palmas das mãos e os ombros apoiados no tapete. Em sua posição de torção mais confortável, continue a respirar lenta e profundamente e mantenha a posição por quinze a trinta segundos. Repita as duas posições (joelho ao peito e torção) com a perna esquerda.

À medida que se tornar mais flexível e conseguir puxar a perna/joelho para mais perto do peito e abaixar o joelho mais perto do tapete, você também poderá começar a sentir um alongamento suave no flexor do quadril oposto (a parte da frente do quadril, uma área que fica retesada em muitas pessoas e causa tensão em todo o corpo, acompanhada de respiração restrita).

8. Super-homem

Também conhecida em algumas formas de ioga como postura do Gafanhoto e em Pilates como Nadador, a postura do Super-homem é popular tanto por suas qualidades de fortalecimento e equilíbrio quanto por seus benefícios de flexibilidade e respiração. Ela pode ser executada em diversas variações, de fácil a avançada, dependendo de seu grau de flexibilidade.

Comece em uma posição deitada de barriga para baixo, com a testa apoiada no tapete. Os braços devem estar estendidos à sua frente, com as palmas das mãos apoiadas no chão. Respire lenta e profundamente por alguns instantes. Mantendo a testa apoiada no tapete, levante lentamente a mão/braço *direitos* e o pé/perna *esquerdos* para fora do tapete, até onde o conforto permitir. Você deve sentir um leve alongamento na parte frontal do tronco e em toda a região das costas, quadris e nádegas. Se sentir alguma dor na região lombar, abaixe a mão e/ou o pé até se sentir confortável novamente. Continue respirando lenta e profundamente e mantenha essa posição estendida por quinze a trinta segundos. Abaixe lentamente a mão direita e o pé esquerdo, respire fundo na posição inicial (de bruços) e repita o movimento com a mão esquerda e o pé direito.

9. Prancha

Este movimento é uma posição clássica de ioga que ajuda a integrar o alinhamento das partes superior e inferior do corpo. Você pode pensar na Prancha como uma flexão estática nas posições alta e baixa. Iniciamos esse movimento com a posição alta e progredimos para a posição baixa. Ao fazer isso, incentivamos a atividade muscular em todas as partes do corpo, o que estimula a circulação e o fornecimento de nutrientes à pele e a uma série de tecidos conjuntivos. A respiração é uma consideração especialmente importante neste movimento, pois, com tantos músculos sendo ativados, você terá de se concentrar em respirações completas e profundas durante todo o movimento.

Comece na mesma posição relaxada com o rosto para baixo do movimento do Super-homem (consulte o exercício nº 8). Coloque as mãos com as palmas para baixo, diretamente sob os ombros. Respire fundo, purificando a respiração, e estenda totalmente os braços, empurrando-os para cima até a posição de Prancha alta. Tente ficar na ponta dos pés enquanto mantém a coluna e o pescoço retos e concentra os olhos no chão, diretamente na frente das pontas dos dedos. Concentre-se em manter uma respiração lenta, profunda e uniforme enquanto mantém essa posição por quinze a trinta segundos. Não permita que seus quadris se inclinem para cima. Visualize uma linha longa e reta que vai da parte de trás de sua cabeça até os calcanhares. Esse pode ser um movimento muito desafiador, especialmente se você não tiver força na parte superior do corpo, portanto mantenha essa posição elevada apenas pelo tempo que se sentir confortável. Em seguida, passe diretamente para a posição de prancha baixa, simplesmente permitindo que seus braços se dobrem lentamente e trazendo os cotovelos para as laterais do tronco, mantendo o corpo e as pernas a alguns centímetros do chão. Envolva os músculos abdominais para evitar que a coluna vertebral se arqueie para baixo em uma posição de balanço. Mantenha o objetivo de obter uma linha longa e reta que desça por suas costas. Continuando a respirar lenta e profundamente, mantenha essa posição por quinze a trinta segundos (ou pelo tempo que conseguir mantê-la) antes de retornar lentamente à posição inicial, descansando no tapete. Respire profundamente mais uma vez.

10. Multi-split

Esta posição é outro movimento em duas partes que visa simultaneamente a circulação em várias partes do corpo e, ao mesmo tempo, melhora a força muscular e o equilíbrio. A ideia principal por trás deste movimento é fazer com que os tecidos conjuntivos das partes superior e inferior do corpo fiquem alinhados e trabalhem em conjunto. Em algumas formas de ioga, esse movimento é conhecido como Cegonha ou Árvore e, às vezes, como Afundo crescente, dependendo da direção do movimento.

Comece em uma posição em pé, com os dedos dos pés apontando para a frente e os braços ao lado do corpo. Respire fundo e de forma purificadora. Na primeira parte do movimento, estenda os braços para cima e para longe das laterais, de modo que fiquem paralelos ao chão. Em seguida, traga a sola do pé direito lentamente para cima da parte interna da perna esquerda, levantando o pé direito até onde for confortável. Mantenha os quadris nivelados. Continue mantendo um padrão de respiração lento, profundo e rítmico (e seu equilíbrio!) enquanto mantém essa posição por quinze a trinta segundos. Retorne lentamente o pé direito ao chão e repita do outro lado.

Na segunda parte do movimento, você começará na mesma posição (em pé, com os dedos dos pés para a frente e os braços ao lado do corpo). Respire profundamente, purificando a respiração, olhe para a frente e dê um passo adiante com o pé direito. Mantendo os dois joelhos apontados para a frente, dobre o joelho direito e desça o corpo tão profundamente quanto se sentir confortável. Coloque-se em uma postura de apoio ampla para que o joelho dobrado não ultrapasse os dedos dos pés, o que poderia resultar em hiperflexão do joelho. Se necessário, ajuste sua posição dando um passo a mais com o pé direito. Continue o processo de respiração lenta e profunda, enquanto estende os braços para cima, diretamente sobre a cabeça. Mantenha os ombros abaixados. Imagine-se alongando a coluna vertebral, desde a região lombar até o teto, a cada respiração. Mantenha essa posição por quinze a trinta segundos antes de voltar lentamente os braços para o lado do corpo e recuar da flexão para a posição inicial. Repita com a perna esquerda.

Depois de terminar esse último movimento, volte para uma posição de descanso para algumas últimas respirações profundas e purificadoras. Você pode usar uma posição confortável em pé, a posição de Agachamento ou até mesmo a postura da Criança, para concluir tudo de forma relaxante. Experimente cada opção para descobrir como prefere terminar suas sessões – ou tente terminar com uma posição diferente a cada vez.

PRATICAR EXERCÍCIOS REGULARMENTE

O exercício é uma parte essencial da obtenção e manutenção de um tecido conjuntivo saudável. Quer estejamos falando de pele ou de qualquer outro tecido conjuntivo que contenha colágeno (músculos, tendões, ligamentos etc.), a quantidade certa do tipo certo de exercício pode ajudar a estimular a produção de novo colágeno, a remoção de tecido danificado e o fornecimento de oxigênio e nutrientes vitais. Assim como o exercício adequado pode promover a saúde do tecido conjuntivo, níveis inadequados ou excessivos de exercício podem levar a um tecido conjuntivo não saudável, acelerando os danos e retardando o reparo.

O corpo humano é projetado para se movimentar. Um filósofo famoso comentou que o corpo é a única máquina que se decompõe por *falta de uso,* e não por excesso de uso (mas seu corpo também pode se decompor por excesso de uso, conforme evidenciado pelos inúmeros atletas com excesso de treinamento com os quais trabalhei ao longo dos anos). De muitas maneiras, o *movimento* do exercício, ou qualquer tipo de atividade física, pode ser considerado como uma *loção* para seus tecidos conjuntivos. O simples ato de movimentar o corpo ajuda a hidratar a pele e a estimular o reparo dos tecidos, ao passo que ficar sentado como um viciado em televisão envia um sinal constante de "colapso" (chamado de "atrofia") que leva ao afinamento, ao enrugamento e ao ressecamento dos tecidos da pele.

Mas, você pode se perguntar, qual é o "melhor" exercício para se fazer? A resposta é "Qualquer coisa que você quiser", seja o simples ato de caminhar ou algo mais complexo, como aulas de aeróbica, levantamento de peso ou paraquedismo (brincadeira). Considere a caminhada, por exemplo. Diversos estudos mostram que caminhar em um ritmo moderado por vinte minutos diariamente pode reduzir o risco de uma série de doenças – em grande parte em virtude da melhora da circulação, do fornecimento de nutrientes e da remoção de resíduos que ela proporciona.

Caminhar é um exercício bastante simples; não requer nenhum equipamento sofisticado ou caro e pode ser feito em praticamente qualquer lugar. Dito isso, é preciso garantir que você tenha um par de tênis confortáveis e que ofereçam suporte, bem como uma autorização do seu médico indicando que não há problema em se envolver em uma prática de exercícios moderados a vigorosos.

Com tempo bom, você pode caminhar ao ar livre e apreciar a vista e os sons do seu bairro ou de um parque local. Se o tempo estiver ruim, você pode caminhar pelo shopping (muitos shoppings têm grupos de caminhada organizados que se reúnem antes de as lojas abrirem e o shopping ficar lotado). Quando você se sentir à vontade para caminhar regularmente, poderá variar a rota e a intensidade (caminhar mais rápido ou mais devagar e adicionar morros ou planícies). A caminhada também pode se tornar parte do seu exercício mental, tanto quanto do seu exercício físico, pois pode lhe dar algum tempo para se distrair e desestressar enquanto sua mente (e seu corpo) vagueia.

Os movimentos de flexibilidade, a dieta Helping Hand e a atividade física que você fará como parte do programa FACE ajudarão a controlar o estresse e a reduzir a exposição ao cortisol. Até mesmo deixar a mente livre por cinco a dez minutos enquanto realiza os movimentos de flexibilidade será benéfico para o controle do estresse. A dieta Helping Hand ajudará a eliminar as suposições e o estresse associado ao planejamento das refeições e à contagem de calorias. A atividade física, seja caminhada ou outra forma de exercício, deve ser vista como o tempo que você investe na saúde física e mental – e você deve fazer *algo* no maior número possível de dias da semana. Você também deve ter em mente que o estresse é um fenômeno muito individual; o que estressa você pode não ser nada de mais para outra pessoa (e vice-versa). Isso faz com que sua abordagem ao gerenciamento do estresse seja um processo pessoal e individualizado que exige a identificação de seus próprios estressores específicos e de suas próprias soluções específicas para lidar com eles.

REFERÊNCIAS

Alberts, D., J. Ranger-Moore, J. Einspahr, K. Saboda, P. Bozzo, Y. Liu, XC Xu, R. Lotan, J. Warneke, S. Salasche, S. Stratton, N. Levine, R. Goldman, M. Islas, L. Duckett, D. Thompson, P. Bartels and J. Foote. 2004. Safety and efficacy of dose-intensive oral vitamin A in subjects with sun-damaged skin. Clinical Cancer Research 10(6): 1875-1880.

Alesci, S., and S.R. Bornstein. 2000. Neuroimmunoregulation of androgens in the adrenal gland and the skin. Hormone Research 54(5-6): 281-286.

Belch, J.J. and A. Hill. 2000. Evening primrose oil and borage oil in rheumatologic conditions. American Journal of Clinical Nutrition 71(1 Suppl): 352S-356S.

Berking, C. 2005. Bedeutung von ultravioletter Strahlung beim malignen Melanom. [The role of ultraviolet irradiation in malignant melanoma.] (Artigo em alemão) Hautarzt 56(7): 687-696.

Bernkop-Schnurch, A., et al. 2004. Development of a sustained release dosage form for alpha-lipoic acid. II. Evaluation in human volunteers. Drug Development and Industrial Pharmacy. 30(1): 35-42.

Blaha, J., and I. Pondelicek. 1997. Prevention and therapy of postburn scars. ACTA Chirurgiae Plasticae 39(1): 17-21.

Boelsma, E., et al. 2001. Nutritional skin care: Health effects of micronutrients and fatty acids. American Journal of Clinical Nutrition 73(5): 853-864.

Bosset, S., et al. 2003. Photoaging shows histological features of chronic skin inflammation without clinical and molecular abnormalities. British Journal of Dermatology 149(4): 826-835.

Boule, N.G., et al. 2005. Effects of exercise training on glucose homeostasis: The HERITAGE Family Study. Diabetes Care 28(1): 108-114.

Buss, I.C., et al. 1997. The effectiveness of massage in preventing pressure sores: A literature review. Rehabilitation Nursing 22(5): 229-234, 242.

Cappel, M., D. Mauger and D. Thiboutot. Correlation between serum levels of insulin-like growth factor 1, dehydroepiandrosterone sulfate, and dihydrotestosterone and acne lesion counts in adult. Archives of Dermatology 141(3): 333-338.

Castaneda, C. 2003. Diabetes control with physical activity and exercise. Nutrition in Clinical Care 6(2): 89-96.

Catani, M.V., et al. 2005. Biological role of vitamin C in keratinocytes. Nutrition Reviews 63(3): 81-90.

Chen, K., et al. 2005. Oral retinoids for the prevention of skin cancers in solid organ transplant recipients: A systematic review of randomized controlled trials. British Journal of Dermatology 152(3): 518-523.

Chen, Y.Y. and P.S. Rabinovitch. 1990. Altered cell cycle responses to insulin-like growth factor 1, but not platelet-derived growth factor and epidermal growth factor, in senescing human fibroblasts. Journal of Cellular Physiology 144(1): 18-25.

Chivot, M. 2005. Retinoid therapy for acne: A comparative review. American Journal of Clinical Dermatology 6(1): 13-19.

Clarke, N., et al. 2004. Retinoids: Potential in cancer prevention and therapy. Expert Reviews in Molecular Medicine 6(25): 1-23.

DeGroot, J. 2004. The AGE of the matrix: Chemistry, consequence and cure. Current Opinions in Pharmacology 4(3): 301-305.

Ebrecht, M., et al. 2004. Perceived stress and cortisol levels predict speed of wound healing in healthy male adults. Psychoneuroendocrinology 29(6): 798-809.

Eleftheriou, C.S., et al. 1991. Cellular aging related proteins secreted by human fibroblasts. Mutation Research/DNA Repair 256(2-6): 127-138.

Frank, L.L., et al. 2005. Effects of exercise on metabolic risk variables in overweight postmenopausal women: A randomized clinical trial. Obesity Research 13(3): 615-625.

Fuchs, J., et al. 2003. HPLC analysis of vitamin E isoforms in human epidermis: Correlation with minimal erythema dose and free radical scavenging activity. Free Radical Biology and Medicine 34(3): 330-336.

Fung, T.T., et al. 2002. Intake of alcohol and alcoholic beverages and the risk of basal cell carcinoma of the skin. Cancer Epidemiology, Biomarkers & Prevention 11(10 Pt 1): 1119-1122.

Giacomoni, P.U. and G. Rein. 2001. Factors of skin aging share common mechanisms. Biogerontology 2(4): 219-229.

Grossman, R. 2005. The role of dimethylaminoethanol in cosmetic dermatology. American Journal of Clinical Dermatology 6(1): 39-47.

Hinds, T., et al. 2004. Effects of massage on limb and skin blood flow after quadriceps exercise. Medicine and Science in Sports and Exercise 36(8): 1308-1313.

Horrobin, D.F. 2000. Essential fatty acid metabolism and its modification in atopic eczema. American Journal of Clinical Nutrition 71(1Suppl): 367S-372S.

Horswell, B.B. 1998. Scar modification: Techniques for revision and camouflage. Atlas of the Oral and Maxillofacial Surgery Clinics of North America 6(2): 55-72.

Hsu, S. 2005. Green tea and the skin. Journal of the American Academy of Dermatology 52(6): 1049-1059.

Humbert, P.G., et al. 2003. Topical ascorbic acid on photoaged skin. Clinical, topographical and ultrastructural evaluation: Double-blind study vs. placebo. Experimental Dermatology 12(3): 237-244.

Iida, I., and K. Noro. 1995. An analysis of the reduction of elasticity on the aging of human skin and the recovering effect of a facial massage. Ergonomics. 38(9): 1921-1931.

Jain, S.K. and G. Lim. 2000. Lipoic acid decreases lipidation and protein glycosylation and increases (Na(+) + K (+))and Ca(++)-ATPase activities in high glucose-treated human erythrocytes. Free Radical Biology and Medicine 29(11): 1122-1128.

Jeanmaire, C., et al. 2001. Glycation during human dermal intrinsic and actinic aging: An in vivo and in vitro model study. British Journal of Dermatology 145(1): 10-18.

Kagan, V.E., et al. 1992. Dihydrolipoic acid – a universal antioxidant both in the membrane and in the aqueous phase. Reduction of peroxyl, ascorbyl and chromanoxyl radicals. Biochemical Pharmacology 44(8): 1637-1649.

Katiyar, S.K. 2003. Skin photoprotection by green tea: Antioxidant and immunomodulatory effects. Current Drug Targets: Immune, Endocrine and Metabolic Disorders 3(3): 234-242.

Konrad, T., et al. 1999. Alpha-lipoic acid treatment decreases serum lactate and pyruvate concentrations and improves glucose effectiveness in lean and obese patients with type 2 diabetes. Diabetes Care 22(2): 280-287.

Krug, M., et al. 2004. Tabakabhängigkeit und die Folgen auf die Haut. [Addiction to tobacco and the consequences for the skin.] (Artigo em alemão). Hautarzt 55(3): 301-315; quiz 316.

Meaume, S., and P. Senet. 1999. Prevention of decubitus scars in the elderly. Presse Medicale 28(33): 1846-1853.

Miller, P.L. 2005. The life extension revolution: The new science of growing older without aging. New York: Bantam Dell.

Nachbar, F., and H.C. Korting. 1995. The role of vitamin E in normal and damaged skin. Journal of Molecular Medicine 73(1): 7-17.

Nola, I., and L. Kotrulja. 2003. Skin photodamage and lifetime photoprotection. Acta Dermatovenerologica Croatica 11(1): 32-40.

Packer, L., et al. 2001. Molecular aspects of alpha-tocotrienol antioxidant action and cell signaling. Journal of Nutrition 131(2): 369S-373S.

Perricone, N.V. 2004. The Perricone promise: Look younger, live longer in three easy steps. NovaYork: Warner Books.

Puglia, C., S. Tropea, L Rizza, N.A. Santagati and F. Bonina. 2005. In vitro percutaneous adsorption studies and in vivo evaluation of anti-inflammatory activity of essential fatty acids (EFA) from fish oil extracts. International Journal of Pharmaceutics 299(1-2): 41-48.

Raychaudhuri, S.P., and J. Gross. 2000. Psoriasis risk factors: Role of lifestyle practices. Cutis 66(5): 348-352.

Rutter, K., et al. 2003. Green tea extract suppresses the age-related increase in collagen cross-linking and fluorescent products in C57BL /6 mice. International Journal for Vitamin and Nutrition Research 73(6): 453-460.

Saladi, R.N. and A.N. Persaud. 2005. The causes of skin cancer: A comprehensive review. Drugs Today 41(1): 37-53.

Schaffer, S., et al. 2005. Tocotrienols: Constitutional effects in aging and disease. Journal of Nutrition 135(2): 151-154.

Shankar, J., et al. 2002. Management of peri-ocular skin tumours by laissez-faire technique: Analysis of functional and cosmetic re- sults. Eye 16(1): 50-53.

Simopoulos, A.P. 2002. The importance of the ratio of omega-6/ omega-3 essential fatty acids. Biomedicine and Pharmacotherapy 56(8): 365-379.

Spiclin, P., et al. 2003. Sodium ascorbyl phosphate in topical microemulsions. International Journal of Pharmaceutics 256(1-2): 65-73.

Stratigos, A.J., and A.D. Katsambas. 2005. The role of topical retinoids in the treatment of photoaging. Drugs 65(8): 1061-1072.

Talbott, S. 2003. A guide to understanding dietary supplements. Binghamton, NY: The Haworth Press.

Taylor, S.C. 2002. Skin of color: Biology, structure, function, and implications for dermatologic disease. Journal of the American Academy of Dermatology 46(2Suppl): S41-S62.

Thirunavukkarasu, V., et al. 2004. Lipoic acid attenuates hypertension and improves insulin sensitivity, kallikrein activity and nitrite levels in high fructose-fed rats. Journal of Comparative Physiology [B] 174(8): 587-592.

_________. 2004. Fructose diet-induced skin collagen abnormalities are prevented by lipoic acid. Experimental Diabesity Research 5(4): 237-244.

_________. 2005. Lipoic acid prevents collagen abnormalities in tail tendon of high-fructose-fed rats. Diabetes and Obesity Metabolism 7(3): 294-297.

Traikovich, S.S. 1999. Use of topical ascorbic acid and its effects on photodamaged skin topography. Archives of Otolaryngology – Head and Neck Surgery 125(10): 1091-1098.

Turaclar, U.T., et al. 1998. Effect of acute exercise on skin potential in sedentaries and trained athletes. Indian Journal of Physiology and Pharmacology 42(3): 369-374.

Uhoda, I., et al. 2002. Split-face study on the cutaneous tensile effect of 2-dimethylaminoethanol (deanol) gel. Skin Research Technology 8(3): 164-167.

Vasan, S., et al. 2003. Therapeutic potential of breakers of advanced glycation end product-protein cross-links. Archives of Biochemistry and Biophysics 419(1): 89-96.

Wang, S.Y. and H. Jiao. 2000. Scavenging capacity of berry crops on superoxide radicals, hydrogen peroxide, hydroxyl radicals, and singlet oxygen. Journal of Agricultural and Food Chemistry 48(11): 5677-5684.

RECURSOS

Livros e sites do autor

Brasil: *Nação cortisol* (Porto Alegre: Citadel, 2025.)

EUA: *The Cortisol Connection: Why Stress Makes You Fat and Ruins Your Health – and What You Can Do about It* (Alameda, CA: Hunter House, 2002).

EUA: *The Cortisol Connection Diet: The Breakthrough Program to Control Stress and Lose Weight* (Alameda, CA: Hunter House, 2004).

Site Cortisol Connection: www.cortisolconnection.com

Site Supplement Watch: www.supplementwatch.com

Para entrar em contato com os especialistas citados no Capítulo 11

Marianne Damhuis: (415) 260-3721

Shelley Rosenfeld: Conscious Skin and Body Care, (510) 551-8834, www.consciousskinandbody.com

Elina Fedatova: (312) 274-3474, elina@elinaskincare.com, www.ElinaSkinCare.com

John Nieters: (510) 814-6900, www.johnnieters.com

Karen Burke: (212) 754-1100

Outros sites relacionados

Eminence Organics (produtos naturais para cuidados com a pele): www.eminenceorganics.com

Sites para pesquisa de ingredientes em cosméticos: www.safecosmetics.org e www.ewg.org